集団的自衛権と日本国憲法

浅井基文
Asai Motofumi

a pilot of wisdom

目次

◎第二章……自衛権の歴史
——集団的自衛権という考え方はどのようにして生まれたのか

第一章　なぜいま集団的自衛権なのか

——アメリカの軍事戦略と日米軍事関係

二〇〇一年、アメリカでジョージ・ブッシュが大統領に、そして日本では小泉純一郎が首相にそれぞれ就任しました。

それとともに、日米の軍事関係には大きな変化があらわれようとしています。

この変化は、アメリカが日本にしかけ、日本がアメリカの要求に全面的に応えようとしていることによっておきたものです。アメリカの対日要求のポイントは、日本が集団的自衛権を行使することに踏みこむことにあります（それが何を意味しているのかについては、おいおい明らかにする予定です）。

ブッシュ政権がこのような動きに出た背景としては、大きくいって二つの事情があります。

一つは、ブッシュ政権が進める軍事戦略の見直しとのかかわりです。この軍事戦略の見直しを進めていくうえでは、日本がきわめて重要な要素となるのです。

つまり、アメリカがこれからおこなうことがある戦争に日本が全面的な協力体制をとるようにすること、言いかえれば、集団的自衛権を行使することに踏みこむことが、欠くことができない前提条件になる、ということです。日本がどう出るかによって新しい戦略の行方が決まる、といっても決して言いすぎではありません。

もう一つ実際的な問題として、これまでの日米軍事関係、とくに日本のこれまでの対応に対する不満がブッシュ政権の内部で強まってきたことも無視できません。日本が集団的自衛権の行使に踏みこまない限度での対米協力に終始してきたことを、ブッシュ政権はもはやこのままにしておくことはできないと考えるのです。

以上の二つの事情に共通することがあります。つまりいずれの場合にも、ブッシュ政権は日米軍事関係のあり方を、集団的自衛権を軸にして根本的に変えようとしているということなのです。

二〇〇一年六月三〇日におこなわれた日米首脳会談は、日本がアメリカの要求に全面的に応えることを内容とする共同声明を発表しました。日本は深々とアメリカの軍事戦略に組みこまれようとしています。そのことは、戦後日本が国家としてめざす方向を根底から変えることを意味します。具体的には、平和憲法の根幹が突き崩されることになるのです。

1　ブッシュ政権の対日政策

ブッシュ政権は、アメリカの歴代政権のなかでも、きわだった特徴をもっています。それは、徹底したアメリカ中心主義（ユニラテラリズム）です。

正確に言えば、アメリカ中心主義の考え方はクリントン政権のときにすでに現れていました。しかし、クリントン政権の時代にはまだためらい、つまり、ほかの国々の意向を考慮して政策を決める傾向はあった、と言えるでしょう。ところがブッシュ政権は、アメリカ中心主義を臆面もなく追求するようになったのです。

ブッシュ政権以前のアメリカで支配的な発想は、孤立主義あるいは国際主義のいずれかでした。ブッシュ政権のアメリカ中心主義の特徴は、孤立主義および国際主義と比較することで浮きぼりになります。

アメリカがまだ弱い国だったとき、そして弱い国だったころの考え方をひきずっていたとき、アメリカはアメリカ大陸だけを中心にしてものごとを進めることに満足し、ほかの世界のできごとにはかかわらない方針を原則としていました。

孤立主義といわれるゆえんです。第二次世界大戦をむかえるまでのアメリカです。

しかし、世界最大最強の国家であることを自覚してからのアメリカは、世界のリーダーとして行動することに強い意欲をもつようになりました。

いい悪いは別にして、アメリカは国際社会の中心であるという自信をもって、国際関係をひっぱろうとしてきました。これが国際主義です。第二次世界大戦以後のアメリカがそうです。

ところがブッシュ政権は、アメリカが世界最大最強の立場にあることを利用して、ものごとをアメリカにもっとも利益になるように動かそうとしはじめたのです。

アメリカ中心主義は、孤立主義と国際主義のもっとも悪い面を組み合わせたもの、と言えるでしょう。

アメリカ中心主義の危険性は、すでにいろいろなところでハッキリしてきています。アメリカの経済的な利益だけを考える結果、地球温暖化を防止するための国際的な取り組みを無視します。アメリカ国内の環境保護もなおざりにします。アメリカの安全保障だけを考える結果、これまで達成されてきた国際的な軍縮・軍備管理の成果を台無しにすることも平気です。

ブッシュ政権が追い求めるアメリカ中心主義に対しては、国際的な批判の声が盛りあがってきました。アメリカに対してはとかく事なかれ主義の日本国内でも、ようやくブッシュ政権に対する警戒の声があがってきました。

こうした国際的な批判に対してブッシュ政権がどう対応するかは、まだハッキリしません。国際社会の良識がブッシュ政権のわがままをおさえることができるのでしょうか。それとも、アメリカ中心主義がつらぬかれて、国際関係が大混乱におちいってしまうのでしょうか。

ちなみに、二〇〇一年九月一一日にいわゆるアメリカ同時多発テロ事件（以下「九・一一事件」）がおこってから、ブッシュ政権の対外政策は一変した、といわれます（じつは国内政策とくに経済財政政策にも大きな変化がおこったのですが、ここでは深入りしません）。「テロ対策」が最重要課題とされ、他のすべての外交問題は、「テロ対策」をうまくやるうえでの必要性、という基準で見直されることになりました。

はじめからハッキリしていたことは、この事件はアメリカ一国ではとうてい手に負えないということです。

それ以来、なりふりかまわない各国への働きかけがはじまりました。この動きを見て、アメリカ国内はもちろん、国際的にも、ブッシュ政権はアメリカ中心主義を改めた、という評価が出てきたのです。しかし、本当にそうでしょうか。

九・一一事件がおこってから約二週間後に、ブッシュ政権のラムズフェルド国防長官は次のように発言しました。

「この戦争では、国々の流動的な連合、つまり、変化し発展する（国々の）連合ということになる。国によって違った役割をもち、貢献の仕方も違ってくる。外交上の支援を提供する国もあれば、資金、あるいは兵站《へいたん》や軍事の支援を提供するものもあろう。（中略）……この戦争では、軍事任務が連合のあり方を決めるのであり、その逆ではない」

その後の事態は、ラムズフェルドの言ったとおりに動きました。

軍事任務の中身を決めるのはアメリカだけです。アメリカは、自分が決める軍事任務の中身の必要に応じて、連合の組み合わせを決めるのです。アメリカ中心主義の考え方が徹底してつらぬかれているのです。

たしかに事件の前の傲慢さは影をひそめています。あの傲慢さをそのままもちこんだら、世界中がそっぽを向く、ということがハッキリしていたからです。しかし、それはあくまで表面的なことであり、アメリカ中心主義の本質はまったく変わっていない、と言うしかありません。

ブッシュ政権のアメリカ中心主義は、日本との関係にも露骨に現れます。アメリカ中心主義の標的の一つは日本、といっても言いすぎではないのです。

日本がアメリカ中心主義のブッシュ政権にどう対処するかは、国際社会のこれからの進路を左右する大問題です。

ブッシュ政権の対日重視の本質

ブッシュ政権では、いわゆる知日派を自認する人物が数多く起用されました。

ブッシュ政権の一つの特徴は、前のクリントン政権がおこなった内外政策に対して批判的な姿勢をとることです（ただし、あくまで批判的な姿勢ということであって、その姿勢が最後までつらぬかれるとはかぎりません）。対外関係では、クリントン政権の中国重視・日本軽視の政策は、ブッシュ政権がもっとも批判するポイントの一つとなりました。日本重視は、ブッシュ外交の大きな特徴なのです。

ここでハッキリさせておかなければならないことがあります。それは、ブッシュ政権が日本を重視するからといって、この政権が日本に対して友好的であることを意味するものではないということです。重視と友好とは同じものではありません。ブッシュ政権が日本を重視するのは、日本がアメリカの国益を実現していくうえで重要な存在だから、にすぎません。

もっと言えば、アメリカにとって日本の利用価値がきわめて高い、と判断しているから、ブッシュ政権は日本を重視するのです。日本との友好関係そのものがアメリカにとって重要な国益と認識されている、ということではないのです。九・一一事件がおこってからのアメリカの対日軍事要求、そして小泉政権の血相を変えた海外派兵への取り組みが、すべてを物語っています。

　もしアメリカが本当に安定した日米友好関係を願っているのであれば、日本の憲法や民主主義を突き崩さなければできないようなことを、日本に要求するはずはないでしょう。しかし、アメリカ中心主義にこり固まっているブッシュ政権にとって、日本の憲法や民主主義を大切にする、つまり、日本の主権を尊重する気持ちはないのです。

　だからといって、そういうアメリカを批判するべきだ、と私は言おうとしているのではありません。いい悪いは別として、今日の国際関係では各国が自国の利害を中心にして動くことが圧倒的に多いのは事実です。とくにアメリカはそういう国です。アメリカのこうした考え方を、権力政治といいます。

　私自身は、権力政治には批判的な立場に立っています。国際社会のあるべき姿についてしっかりしたビジョンと展望をもたなければ、現実をあるがままに受けいれてしまうことになりかねません。重要なことは、自らのビジョンと展望をふまえながら、国際関係の現実をしっかり見すえる目をもつことだ、と思います。現実を見すえてこそ、その現実に働きかけてよりよい状況に改めていくエネルギーをもつことが可能となる。これは、私があらゆる問題を考えるうえでの基本的な出発点です。

　ところが残念でならないのは、日本国内では、アメリカの国益本位の対日認識などはおかまいなしの現実があることです。「日米友好こそが日本の国益」というきまり文句が鵜呑みにされています。アメリカのことを是々非々で扱うだけでも、反米、嫌米などとレッテルをはられてしまうことが多い現実があります。アメリカの言うがままになること、それが日本の国益だと思いこむのはまさに思考停止です。

思考停止のままでひたすらアメリカの言うことを聞く日本ほど、ブッシュ政権にとって扱いやすい存在は、ほかにないでしょう。ブッシュ政権としては、アメリカの国益を実現していくうえで日本をどのように利用するか、だけを考えればいいのですから（ちなみに、アメリカの言いなりになっている日本を軽蔑しきっているのは、アメリカだけではありません。そういう主体性のない日本は、国際的にもますます相手にされなくなっています。日本はアメリカの言いなりになる国だから、日本の考えを聞いても意味がないからです）。

そして現実に、これがブッシュ政権の対日政策を立案し、実施していくうえでの出発点になっています。

二〇〇〇年一〇月一一日に、ブッシュ政権の対日政策を先どりする形で、「アメリカと日本——成熟したパートナーシップにむけて」と題する報告が発表されました。この報告作成の中心的な役割をはたしたのは、ブッシュ政権のもとでアメリカ国務省の副長官（ナンバー2）の要職につき、対日政策のかなめの位置にすわったアーミテージです。したがって、この報告はアーミテージ報告と呼ばれています。

アーミテージ報告——集団的自衛権への踏みこみ要求

報告は、アメリカにとってのアジアの重要性を強調することからはじめます。

報告は、世界人口の五三％、世界経済の二五％を占めるアジアは、アメリカとの貿易額が年間（往復）で六〇〇〇億米ドルに達し、まさに「アメリカの繁栄にとって死活的な」重要性をもった地域だ、と位置づけます。そのアジアは、すくなくとも今後約三〇年間は大規模な戦争が考えられない欧州とは違って、紛争の可能性が小さいとはいえない状況がある、と報告は判断しています。

報告は、こういう有望ではあるけれども潜在的に危険が大きいアジアという環境を考え、日米関係は「過去のいずれの時期よりも重要である」と指摘します。

世界第二位の経済大国であり、有力な軍事力を擁する日本は、「米国のアジアにおけるプレゼンスのかなめ」であり、日米同盟は「アメリカの世界安全保障戦略の中軸」なのです。

しかるに、と報告は続けます。アジアで脅威と危機に直面しているにもかかわらず、ソ連封じこめ戦略が終わった後の日米関係は「方向性を見失い、焦点と一貫性を欠いてしまっている」というのです。こうして「九〇年代半ばまで同盟は明らかに漂流状態にあった」と報告は断定しています。

報告にしたがえば、朝鮮民主主義人民共和国（北朝鮮）のいわゆる「核開発疑惑」をめぐる危機（一九九四年）、米兵による沖縄の少女に対する暴行事件（九五年）、さらに台湾海峡における米中軍事衝突の緊張（九六年）は、日米同盟関係への両国の関心を高め、日米首脳安保共同宣言（九六年）に結びつきました。しかし報告は、中国の日米軍事関係強化への反発に対する考慮そしてアメリカの関心が米中関係に集中していったこともあって、アメリカの日本に対する関心は長続きせず、九〇年代末期には対日関心そのものが失われてしまった、と指摘するのです。

以上から明らかなとおり、報告は第二期クリントン政権の対日政策を厳しく批判しています。そのうえで報告は、日本政界や国民のあいだに見られる意識の変化に注目し、日米が協力すれば、新しい関係を切り開くことはできると判断しています。

とくに安全保障の分野では、日米が共通の認識とアプローチをとることが重要であると強調しているのです。ちなみに、日本政界に見られる意識の変化を代表するのが小泉政権、ということになります。

こういう認識を示した後、報告はアメリカの対日要求を具体的に述べています。とくに重要なことは、「改定された日米防衛協力のための指針（新ガイドライン）は、（日米）同盟において日本が役割を拡大するうえでの出発点（フロア）であって最終目標（シーリング）ではない」と述べている点です。そのうえで報告は、「日本が集団的自衛を禁止していることは、同盟の協力にとって制約であり、この制約を除くことによって安全保障上の協力がより緊密かつ効率的になる」と指摘します。

以上の結論として報告は、日本が集団的自衛権の行使に踏みこむことが日米軍事同盟の強化にとってカギとなるという認識を示します。アメリカからすれば、新ガイドライン（第四章参照）では日本がまだ集団的自衛権に踏みこんでいないために、きわめて不満足な内容でしかないということなのです。

アメリカはなぜ、日本が集団的自衛権の行使に踏みこむことを要求するのでしょうか。そういう疑問をもつ人は多いと思います。

答えのカギは、ブッシュ政権の軍事戦略、とりわけ中国を標的にして組み立てられつつあった戦争計画にあります。ブッシュ政権の軍事戦略を進めるうえでは、日本がこれまで以上にアメリカの言うことを聞く存在になることが欠かせないのです。とくに中国との軍事対決を考えた戦争シナリオをつくるなかで、日本をアメリカの言いなりに動くようにさせなければ、シナリオは破たんするということだったのです。その二つの問題についてくわしく見てみましょう。

その前に、当然出てくる疑問・批判に答えておきます。つまり、九・一一事件は、アメリカのこれまでの戦略および戦争計画を根底からひっくりかえしたのではないか、という疑問・批判です。

たしかにブッシュ政権は、事件を「戦争行為」と見なし、アメリカにとってテロ対策が長期にわたる中心課題となった、と位置づけました。またアメリカは、すでにレーガン政権の八〇年代から、テロリズムの犯行に対して軍事的に対抗する政策をうちだし、実際にも犯行に対して軍事報復をおこなってきました。

そういうアメリカの政策の流れからすると、ブッシュ政権が今回の事件に対して最初から軍事報復しか考えなかったのは、まったく常軌を逸したものとすることはできません。しかし、ブッシュ政権があらゆる政策の最優先課題としてテロ対策を位置づけたのは、まさに前代未聞ですし、この点で常軌を逸してしまった、という厳しい批判を免れることはできないのです。

より根本的にいえば、テロリズムによる無差別殺人は国際的な犯罪であることについて、国際社会の認識は一致しています。そして、過去の事件でも、そういうものとしての国際的な取り組みがおこなわれてきました（たとえば一二の国際条約やアメリカも加わった主要国首脳会議のいくつかのテロリズムに関する声明・宣言）。犯罪として扱うことによってのみ、正しい解決の道筋を考えることができます（たとえば、一九八八年におこったパンナム機爆破事件の解決）。犯罪を戦争とし、その解決の方法として軍事力を行使するというのは、医療の例にたとえれば、致命的な診断の誤りであり、命取りの処方をおこなうことと同じです。

事件直後のショックがものごとに対する判断力を左右するあいだはともかく、アフガニスタンを越えて、他の国々にまで軍事行動を広げることをも、「対テロ戦争」の名のもとに正当化しようとする、このような重大な情勢判断および政策の誤りは、長期にわたって国際的に受けいれられるはずがありません。とくにこのような軍事行動がハッキリと分かる成果もないままに長びくことになれば、アメリカ国内でもいずれ批判が強まることになるでしょう。以上のことから私は、テロ対策を中心にすえたブッシュ政権の政策は、遅かれ早かれ破たんすると判断します。

もちろん、だからといって、事件前に組み立てられつつあった軍事戦略と作戦計画がそのまま復活する、と結論づけるのは早計にすぎるでしょう。事件が今後のアメリカの軍事戦略および作戦計画に影響をおよぼす可能性はある、と私も思います。

しかし、どういう影響が出るのかについては、アメリカ国内での検討にかなり時間がかかるでしょうし、いまの段階で憶測するのはあまり意味がありません。

むしろ重要なことは、事件の前の段階で明確になりつつあった軍事戦略と作戦計画の内容をしっかりふまえておくことでしょう。その点をしっかりふまえておけば、これからのアメリカの動きに応じて、私たちの判断に必要な調整を加えていくこともできることになるのです。

2　ブッシュ政権の基本的な軍事戦略

二〇〇一年五月にブッシュは、弾道ミサイル防衛（ＢＭＤ）に関する演説をおこないました。また同年五月と六月に、アメリカのシンクタンクの一つであるランド研究所（ＲＡＮＤ）は、「アメリカとアジア」および「日本とＢＭＤ」と題する二つの報告を公表しました。ＲＡＮＤは民間の非営利組織ですが、第二次世界大戦後にアメリカ空軍の要請により創設された国防関連のシンクタンクで、政府の政策にも多大な影響力をもっています。

これらの演説と報告は、ブッシュ政権の対アジア政策とくに対中政策を判断するうえで重要な材料です。また、アメリカの日本に対する見方についても、見のがせない内容が数多く含まれています。

とくに「アメリカとアジア」報告は、作成者の一人が国家安全保障会議の要職入りしていること、また、アメリカ空軍の委託調査であることを考えますと、一民間研究機関の報告という以上の重みをもっています。そのことは、日本側の動きからも一目瞭然です。報告がめざす方向と日本側の動きは見事なまでに一致しているのです。

たとえば、二〇〇一年版の防衛白書では、中国関係の記述が大幅に増え、中国と台湾の軍事力比較をはじめておこないました。新聞報道によれば、政府・自民党は、防衛力整備の中期目標を示した「防衛計画大綱」を二〇〇三年にも大幅に見なおす方針だといいます（たとえば、二〇〇一年八月六日付「日本経済新聞」）。そのなかでは、台湾海峡の不安定性をにらみ、自衛隊の部隊の配置を九州、沖縄など南方にシフトするのが柱、とされています。

また後で紹介しますように、この報告では沖縄・伊良部町《いらぶちょう》の下地島《しもじしま》空港の軍事的重要性に触れていますが、自民党の麻生太郎政調会長は、二〇〇一年六月二四日にわざわざ下地島を視察しました。

これらの演説および報告によりながら、ブッシュ政権の軍事戦略と、それが日本にどのような意味をもつのかについて考えておきましょう。

国際情勢に関する判断

ブッシュ政権は、二一世紀の国際関係における平和と繁栄を突き崩す可能性をもつもっとも重要な地域はアジア、という判断をその国際情勢認識の根底にすえました。しかもアジアは、アーミテージ報告も指摘しているように、アメリカの繁栄にとって死活的に重要な地域でもあるのです。ブッシュ政権の戦略的な関心はアジアに集中していた、といっても言いすぎではありません。

その点を「アメリカとアジア」報告は冒頭で、

「アメリカは、アジアにおける事態が経済発展、民主化および地域の平和の道のりを続けることに大きな利害をもっている。しかしアジアは、平和と繁栄の構造をつぶしかねない深刻な問題を内在している」

という表現で表しています。

ブッシュ政権がアジアで警戒する要素はさまざまです。報告は、インド、中国、パキスタン、インドネシア、マレーシア、フィリピン、朝鮮半島の順番でとりあげています（九・一一事件以来急浮上したアフガニスタンの名前があげられておらず、国際テロリズムもあげられていないことは、今回の事件がおこるまでのアメリカにおけるこの問題に対する意識の低さを浮きぼりにします）。

報告を読んでいてハッとさせられたのは、次のくだりでした。

「北京は、どん欲な目つきで台湾をにらんでおり、言葉および行動の双方で台湾に対して脅迫的な姿勢をとっている」

というのです。

アメリカは従来、東アジアの最大の不安定要素は朝鮮半島だ、としてきました。ところが報告は、

「アメリカの視点からすると、他のすべての影を薄くさせてきた朝鮮半島における軍事的対峙は、好ましい政治的傾向はあるものの、いまや六〇年目にはいっている」

と、おさえた表現になっているのです。中国と朝鮮半島の部分についての報告の記述ぶりを比較するだけでも、報告の中国に対する警戒的な姿勢がハッキリと見えるでしょう。

報告が朝鮮半島情勢に楽観的になっていることは、次のくだりを読めば、かなりホンモノの気がします。

「アメリカにとって、当面の関心事は朝鮮である。東北アジアにおけるアメリカの軍事態勢はひき続き、北朝鮮を抑止しこれに対して防衛することだ」

とは言っています。しかし報告の重点は、

「長期的には、朝鮮半島の政治的統一、南北間の歩みより、あるいは北朝鮮政権の崩壊によって北朝鮮の脅威が消滅する可能性がある。二〇〇〇年六月の南北首脳会談は、アジアにおける政治軍事情勢がかつて考えられていた以上にすみやかに変化する可能性があることを証明している」

とする点にあります。

この段落を読んで感じるのは、朝鮮半島情勢に対するアメリカの危機感は確実に薄くなっている、ということです。

たしかに報告は、朝鮮問題が「当面の関心事」であるとしていますし、東北アジアにおけるアメリカの軍事態勢には基本的に変化はない、とも指摘しています。しかし、この報告が強調しようとしているのは、朝鮮半島情勢には緊張緩和に向けた本質的な変化がおこりつつあるという認識であることは、間違いありません。

前にも指摘しましたように、アメリカの国際情勢認識の特徴は、権力政治の立場でものごとを判断することです。権力政治の考え方の中心にあるのは、「誰がライバルで、誰が味方か」と割り切る発想です。アメリカに対抗するもの、対抗する可能性があるもの、さらにはアメリカの安全保障をおびやかすものを脅威とする考え方です。この特徴は、この報告にもクッキリあらわれています。

報告は、アメリカが注意すべき国家として、北朝鮮、中国のほかに、インド、インドネシア、日本、ロシア、韓国などの名をあげています。日本や韓国までがあげられていることには、驚く人もいるでしょう。しかし、権力政治の見方で頭が固まっている報告（さらにはブッシュ政権）にとっては、当たり前のことなのです。たしかに、日本や韓国が永遠にアメリカの味方である保証はない、のですから。

報告は、

「以上の潜在的な挑戦に対処するため、アメリカは包括的な地域戦略をつくることに着手しなければならない」

と主張します。その地域戦略がめざすべき長期的な目標として、報告は、

「戦争に発展する可能性のあるライバル、不信および不安定要素がアジアにおいて生まれることを排除すること」

をあげます。そして、この全体的な目標から、

「地域的な覇権国家の台頭を防止する（中略）…という目的がひきだされる」

とするのです。

この最後のくだりは、九・一一事件がおこる前までのアメリカの本心をあからさまにしています。

アメリカは、アジアにおける圧倒的な優位（覇権的地位）をこれからも手放す気持ちはありません。アメリカにとって邪魔になりうるライバルや不安定要素を排除すること、とくに地域的な覇権国家の台頭を防止することが、アメリカが進める対アジア戦略の中心にすわろうとしていることを明らかにしているのです。

「地域的な覇権国家」としては、アメリカはとくに中国を強く意識しています。そのことは、

報告をさらに読むことでハッキリしてきます。

中国脅威論

「アメリカとアジア」報告は、次のように中国を脅威とする主張を展開します。アメリカが警戒すべき地域的な覇権国家と見なしているのは中国です。報告は、

「もっとも重要な変化の一つは台頭する勢力としての中国の登場、その軍事力の現代化計画および東アジア地域における増大するプレゼンスである」

と言っています。そして報告は、

「短期的には、台湾に対する中国の武力行使の可能性にどう対応するかという問題がきわだっている」

と強調します。しかも、

「長期的には、とくに中国が地域的優越の政策を追求する場合には、中国の力の増大が地域およびアメリカの戦略・軍事力にとって重大な意味をもつことになるだろう」

とも指摘するのです。つまりアメリカは、短期的にも長期的にも、中国を脅威とする軍事戦略をおこなうことを明らかにした、ということなのです。

とくに注目しなければならないのは、「短期的には」とわざわざことわりをつけて、「台湾に

対する中国の武力行使の可能性にどう対応するかという問題」がアメリカにとって大きな課題だと指摘している点です。

「短期的には」という意味は、「近い将来において」ということです。つまり報告は、アメリカは近い将来に中国と武力衝突する可能性がある、という認識を示していたのです。

アメリカは、このように現実的可能性として米中軍事衝突の可能性を考えたからこそ、そのための戦争態勢づくりの一環として、日本が全面的にアメリカに軍事協力すること、具体的には、日本が集団的自衛権の行使に踏みこむことを求めることが必要になったのです。アメリカは、わけもなく、日本に気ままな要求を突きつけているのではありません。

また長期的にも、アメリカが中国を警戒していることは重大です。アメリカは、中国がアメリカのアジアでの地位をおびやかす可能性があると考え、これに対抗する戦略をおこなう構えなのです。

ということは、アメリカの日本に対する軍事的な要求も長期にわたって続くことを意味します。中国を脅威とするアメリカの認識が続くかぎり、そして日本がアメリカの言うままになり続けるかぎり、アジアはつねに緊張を免れることはできません。

この報告はさらに具体的に、中国を念頭においたアメリカの戦略の四本柱を明らかにしています。

対中軍事包囲網の形成

第一、アメリカを中心とした二国間の軍事同盟を拡大して、ゆるやかな多国間の同盟に拡大発展させ、二国間の同盟をおぎなうこと。

報告は、多国間の同盟の相手として、日本、韓国、オーストラリア、さらにはシンガポール、フィリピン、タイをあげています。その目的は、「同盟国間の信頼を促進し、同盟国が地域の危機に連合して対処する軍事力を創造すること」です。

報告は、ゆるやかな多国間の同盟が対処する脅威について、「地域の危機」というぼかした表現を使い、あからさまに中国を名指しすることはありません。また、この同盟が「連合して対処する軍事力を創造する」としていますが、これは、湾岸戦争で組織された多国籍軍のことを念頭においています。

イラクならばともかく、中国を相手にした多国籍軍というのは不自然です。そういうことを考えますと、多国間のゆるやかな同盟が、もっぱら中国を脅威としてつくられていく、と結論するのはかたよった見方だと思います。アメリカの考え方は、ありとあらゆる脅威に対抗できる態勢づくりを基本にしてきました。

しかし、ゆるやかな多国間の同盟は中国と無関係、と判断するのも誤りだと思います。なんといっても、四本柱の戦略が中国に対するものであったことは間違いありません。アメリカは、中国を軍事的に封じこめる多国間の態勢づくりをアメリカが中心になって進める考えだった、と考えられます。

ゆるやかな多国間の同盟の一環として、報告は、

「日本がその領域防衛以上に安全保障を拡大し、連合の作戦を支援する適当な能力を取得するよう、日本憲法改定の努力を支持するべきである」

と述べています。いきなり憲法改定の話に結びつけられていたので、私もびっくりしました。しかし、すこし考えれば、報告の意図が分かってきます。

報告は、日本に集団的自衛権の行使に踏みこむことを求めているのです。しかも、日本が集団的自衛権を行使するためには憲法改定が必要なことも分かっている、と言わんばかりの書きぶりです。

多国間の同盟とのかかわりで、アメリカが日本に集団的自衛権の行使に踏みきることを要求するのは、日本がアメリカとともにこの同盟で中心的な役割をになうことを期待していることのあらわれでしょう。しかも、同盟の大きな目的が中国を封じこめることにあるのですから、日本が積極的にかかわらないようでは、その目的を達することもできなくなる、と報告は判断

しているのです。

中国の台頭を阻止すること

第二、中国その他の地域大国が単独または連合してアメリカに対抗することを阻止すること。

報告は、権力政治の発想が丸だしです。権力政治の発想になじみがない人の参考になりますので、そのくだりを紹介します。

「アメリカは、現在アメリカと同盟を結んでいない主要な台頭しつつある勢力やカギとなる地域国家（中国、インドおよびロシアを含む）とのあいだでバランス・オブ・パワーの戦略をおこなうべきである。この戦略の目標は、これら諸国のいずれかが地域の安全保障をおびやかす（中略）…ことを抑止し、アメリカのアジアにおける戦略的利益をそこなうために手を組むことを防ぐことにある」

ここでも中国を名指しせず、一般論の形で書いています。しかし、中国を標的とするこの報告の基本姿勢をふまえますと、中国、インド、ロシアのうち、とくに中国を意識していると見るのが自然です。しかもアメリカは、中国がほかの大国（たとえばロシア）と手を組んでアメリカに対抗することをも警戒しているのです。

報告が指摘しているバランス・オブ・パワー（日本語では「勢力均衡」と訳されています）

戦略について、すこし補足しておきます。

バランス・オブ・パワーという考え方は、いくつかの大国が影響力を競った欧州の国際政治のなかで生まれたものです。権力政治に特有な考え方でもあります。この考え方では、次のようになります。

ある大国が実力を伸ばしすぎると、まわりの国々はマイナスの影響を免れない。さらにこの大国が戦争するなどして自己主張を強めると、欧州全体の平和と安定がそこなわれることにもなりかねない。そうした事態に直面したとき、ほかの大国が単独でまたは共同して（ときには中小国にも協力を呼びかけて）、この大国に対抗し、けん制し、必要であればその力を押さえこむために戦争する。そうすることによって失われていた力関係の均衡を回復する。

たとえば、フランスのルイ一四世が勢力を伸ばしたとき、イギリスやオーストリアが手を組んでその野望をくじいたのは、バランス・オブ・パワーの政策の代表例とされています。ナポレオン戦争に際して、欧州のすべての大国が協力してナポレオンの世界制覇の野望を阻止したのもそうです。

アメリカは、アジアにおいてもこのバランス・オブ・パワーの政策をおこなう、というわけです。世界最強でアジアにおいてもっとも強力なアメリカが、アメリカより弱いほかの大国を相手にこの政策をおこなうというのは、バランス・オブ・パワーの考え方からいったら、どう考えてもおかしい話です。

報告があげた中国、インド、ロシアのいずれもが、アメリカのアジアにおける圧倒的な地位に挑戦するなどという無謀な政策をおこなう気持ちはもっていないからです。しかしすでに紹介したように、アメリカは、中国が長期的にはアメリカに挑戦する存在になることを警戒するのです。そういう中国に対して、アメリカはいまからバランス・オブ・パワー政策でけん制していく、という発想なのです。

中国の武力行使を実力で阻止すること

第三、中国が武力行使する可能性に対して軍事的に対抗すること。報告は、この点に関してきわめて具体的であり、あけすけですらあります。重要なので、報告の文章をそのまま紹介します。報告は、アメリカが武力で対抗する相手として中国を考えていることを、ここでは隠そうともしません。

「アメリカは、ほかの国々の武力行使に対処する必要がある。たとえばアメリカは、中国が台湾に対して武力を行使すること(および台湾が独立を宣言すること)に反対する」

「アメリカが台湾その他の問題をめぐって中国と紛争になるときには、アメリカ軍は、ほかの潜在的敵対国が保有する以上の能力(戦域弾道ミサイル、情報などの作戦能力およびアメリカの目標物を核兵器で攻撃する手段）をもつ相手に直面することになる。アメリカの死活的な目標は中国を敵にまわさないことにあるが、中国のあからさまな挑戦に対して、将来のある時点において、中国にいかに対抗するかを念頭において、東アジアにアメリカの軍事力を投入する場合を十分に考えておかなければならない」

後で述べることとも関係するのですが、米中軍事衝突となった場合、アメリカは、中国の戦域弾道ミサイルおよび戦略弾道ミサイルによる反撃に直面する可能性を考えていることが分かります。このことは、日本とも密接なかかわりがあることなのです。

日米の新ガイドラインの最終報告では、弾道ミサイルによる攻撃に日米が対処する必要性がハッキリ書きこまれています。また、ランド研究所の「日本とＢＭＤ」報告では、在日米軍および日本が中国の戦域弾道ミサイルによって攻撃される場合のことを考えています。これに対処するために必要になるとアメリカが考えているのが、戦域ミサイル防衛（ＴＭＤ）というものです。

中国に対抗するためのアジア諸国の抱きこみ

第四、中国を敵にまわすことに慎重なアジア諸国に対する働きかけ。この点を、「アメリカとアジア」報告は、

「アメリカはアジアのすべての国々と包括的な安全保障対話を促進するべきだ」

と言っています。安全保障対話をする目的は何でしょうか。報告は、

「安全保障対話は、中国を怒らせる協力に多くのアジア諸国が消極的であることに対応するうえで重要である」

としています。つまり、アメリカがアジア諸国とのあいだで安全保障対話を促進する目的は、中国を敵にまわすことに慎重な姿勢をとるアジア諸国の警戒感をやわらげ、アメリカが進める戦略にとって障害とならないようにするための布石、という位置づけなのです。

外交を軍事戦略の補助手段にする、という考え方を臆面もなく明らかにするあつかましさには、アジア諸国もずいぶんとなめられたものだ、と感じないわけにはいきません。

外交を軍事目的のために利用するのは、近年のアメリカにはしばしば見られます。アメリカは、イラクがクウェートに侵略しておこった湾岸危機の際(一九九〇年)、表面的には外交的な努力をおしまない姿勢をとって時間かせぎをしました。そのあいだにイラクに対して圧倒的に優位に立つ軍事力をつみあげたのです。そのうえで戦争をおこし、勝利したのです。

ユーゴスラヴィアに対する空爆(二〇〇〇年)のときも同じです。空爆に踏みきる前に外交的な時間かせぎをして、そのあいだに武力行使のための準備をおこないました。

このように、アメリカの軍事戦略において、外交が軍事力行使のための時間かせぎ、条件づ

くりのための手段として位置づけられることが多いことを知っておきましょう。中国に対しても、アメリカは安全保障対話という外交努力を盛りこんで、中国を受け身に立たせようとしているのです。その一方では、二重、三重の軍事的な措置をとって、中国に対して圧倒的に有利な軍事態勢をつくりあげようとしているのです。

ちなみに、九・一一事件に対するブッシュ政権の対応は、湾岸戦争やユーゴ空爆のときと比べても、お粗末というほかありません。頭に血がのぼったまま、後々のことまで考えないままで、周到な情勢判断もしないで、報復戦争に走ってしまいました。

たしかにブッシュは、長く困難な戦いになると繰り返し言いました。しかしその発言は、国際テロリズムとの戦い全般についてのものであり、今回の事件の首謀者と断定したオサマ・ビン・ラディンを追いつめることに関してではありませんでした。しっかりした政策の裏付けもないままに戦争の泥沼に足を踏みいれていくさまは、ヴェトナム戦争を思いおこさせます。

そういえば、ヴェトナム戦争のときは、共産主義を悪と決めつけました。今回はテロリズムを悪と決めつけます。私もテロリズムの犯罪には全面的に反対します。しかし、悪と決めつける発想からは、問題の背景・根源（アメリカの二重基準の中東政策、市場原理を押しつけるアメリカの国際経済政策）を見つめる目は生まれてきません。アメリカは、ヴェトナム戦争で犯した誤りをふたたび繰り返す道に入りこんでしまったのではないでしょうか。

九・一一事件と中国脅威論

九・一一事件がおこってから米中関係は改善した、と見る向きが増えたように見えます。実際のところはどうでしょうか。

中国の江沢民《こうたくみん》国家主席は、事件がおこったその日にブッシュにお見舞いの電報を送って哀悼の気持ちを表すとともに、「中国政府は、すべてのテロリズムの暴力活動を、一貫して非難し、これに反対している」と述べました。さらに翌日、両首脳は電話会談をおこないました。

この電話会談でブッシュは、国際テロリズムは世界平和に対する脅威であるとし、ともに国際テロリズムに対して打撃を与えたいと述べ、米中両国が国連安全保障理事会（安保理）での協力を強化したいという希望を表明しました。

これに対して江沢民は、①アメリカにすべての必要な支援と協力を提供する用意があること、②アメリカおよび国際社会と対話を強め、協力して、すべてのテロリズムの暴力活動に打撃を与えること、③両国の協議と協力を強化すること、の三点を明らかにしました。

ブッシュが、米中協力の具体的中身として、国連安保理を早々と特定したことは、当然ではありますが、やはり興味深いものがあります。

アメリカが国際テロリズムに対決していくうえでは、国際世論なかんずく安保理を味方につけることは決定的に重要です。安保理のなかで、アメリカに対してもっとも自主独立性が強いのは中国です。その中国は、安保理の常任理事国であり、アメリカの行動・政策をけん制できる立場にあります。ブッシュの発言は、そういう利害打算に裏打ちされていました。

江沢民発言は、テロリズムに関する従来の中国の政策・方針をふまえたものでした。すなわち中国は従来から、テロリズムによる犯行は絶対に容認しえないものであり、犯罪として厳しく取り締まる必要がある、としてきました。したがってアメリカが求めた協力については、原則方針として、中国もまったく異論のないところでした。

しかし、さらにくわしく見ると、どうでしょうか。

ブッシュ政権は、事件の首謀者と見なすもの（ビン・ラディンおよびそのもとにあるアル・カイダという組織）とこれをかくまうもの（アフガニスタンのタリバン政権）をともにテロリストと断定し、軍事報復の対象とする方針を追求しました。これに対して中国は従来から、あらゆる国際問題の平和的解決を主張しており、とくにアメリカが国際問題の軍事的解決に走る傾向が強いことには批判的でした。

九月一二日の電話会談の段階ですでに、江沢民が国際社会との対話と協力の必要性を強調したのは、アメリカの軍事報復の動きに対して、けん制する意図がこめられていたのです。

アメリカが軍事行動を開始した翌日（二〇〇一年一〇月八日）、江沢民とブッシュはふたたび電話会談をおこないました。その内容を報じた「人民日報」は、アメリカの軍事行動開始に関するブッシュの発言を紹介していません。江沢民については、

「われわれは、大統領が何度も、今回の軍事行動はテロリスト活動の具体的目標にのみ限定したものであり、アフガニスタン人民およびイスラム教徒に対するものではなく、措置をとるにあたっては無辜《むこ》の人民に被害がおよばないようにする、と表明したことに留意している。われわれは、以上の原則を堅持することは、テロリズムに対して有効な打撃を与えるうえできわめて重要である、と考える」

と述べたことを紹介しています。

この発言は、アメリカの軍事行動を正面から批判したものではありませんし、無条件に肯定したものでもありません。結果的にアメリカの軍事行動を容認したもの、という評価・批判は当たっているでしょう。しかし、アメリカの軍事行動の今後における展開いかん（軍事行動がアフガニスタン民衆をまきこむ無差別性を強める場合など）によっては、中国がアメリカの行動を批判する余地を確保している点も無視することはできません。

中国がアメリカにのめりこんでいないことは、国連安保理決議の扱い方からも読みとることができます。

安保理は、事件直後に決議一三六八を採択しました。「人民日報」による安保理決議の内容

紹介に関してとくに注目されるのは、テロリストおよびその背後にいる画策者を法によって処罰すること、テロに対する国際協力という点に力点をおいていることです。しかし「人民日報」は、決議にもりこまれた、加盟国の自衛権行使の権利を確認した部分については触れませんでした。

アメリカは、自らの軍事行動を自衛権の行使として正当化しています。北大西洋条約機構（NATO）の欧州諸国は、アメリカに対する軍事協力を、集団的自衛権の行使として正当化する立場です。国連のアナン事務総長も、この決議に言及しながら、米欧諸国の軍事行動を認める発言をおこないました。そういうなかで、「人民日報」があえてこの点を無視した内容紹介をおこなったことは、単なる不注意、無関心としてかたづけることはできません。

中国がアメリカの行動を無条件で支持する立場でないことは、「人民日報」の他の報道からもハッキリと見てとることができます。江沢民が各国首脳と電話会談した内容として、事件に対する中国の立場・方針が次のように明らかにされました。

テロに打撃を与えるうえで満たすべき要件としては、①確固とした証拠と具体的目標があること、②なんとしてでも無辜の人民に被害がおよばないようにすること、③国連憲章の精神と原則および公認の国際法の原則に合致すること、④あらゆる行動が世界の平和および発展という長期的利益に有利であること、を要求しました。

また、事件を処理するにあたっては、①直接的な結果だけではなく、地域の情勢に対する深刻な影響さらには世界の平和と発展という長期的利益をも考慮するべきこと、②安保理常任理事国間の協議を強めるべきこと、を主張しました。

このように中国は、アメリカと正面衝突することを避けつつも、アメリカの思いどおりに動く存在ではないことを、実際の言動で示しています。アメリカは、そのような中国の立場を理解しないはずはありません。

したがって、九・一一事件が米中関係を本質的に変えた、という結論は出てきません。アメリカが事件で頭がいっぱいであるあいだは、アメリカ国内で中国脅威論が頭をもたげることは、よほどのことがない限りはないでしょう。しかしそのことは、アメリカが中国脅威論を捨てた、ということにはなりません。

アメリカがこの事件で熱くなりすぎた頭を冷やした後（そうなれば、という前提がおかれますが）、この問題について冷静に考えられるようになった時点で、軍事戦略を含めた戦後の対外政策そのもののあり方について根本的な再検討をせまられることは十分考えられます。しかし、その再検討が不徹底に終わる（あるいは再検討そのものがおこなわれない）ようなことであれば、事件前の戦略にたちかえる可能性は低いとはいえない、というのが私のいまの段階における印象です。その点をもうすこし考えておきます。

九・一一事件とアメリカの軍事戦略

九・一一事件は、中国脅威論にかたよりがちだったブッシュ政権の従来の軍事戦略に調整をうながすことは間違いないでしょう。つまりアメリカとしては、中国だけに関心を集中するのではなく、あらゆる事態・脅威に対応する態勢づくりを心がける必要がある、という考え方を改めて確認させられた、ということではないでしょうか。

ただし、単純に戦略をもとに戻すということでもないようです。

もともと国防省のラムズフェルド長官とウォルフォビッツ副長官は、野心的にこれまでの戦略を見なおすことを考えていました。それは、「脅威立脚型」から「能力立脚型」への転換と表されました。

従来のアメリカでは、まず主要な脅威（米ソ冷戦時代にはソ連、その後は「ならず者国家」、というように）とそれ以外に対処する必要があると考える脅威を定め、それらの脅威に対抗するために必要な戦略・戦力構成を考える、という順序でものごとが進められてきました。これが「脅威立脚型」ということです。

しかしラムズフェルドとウォルフォビッツは、アメリカの科学技術力が追求できるかぎりの軍事能力を身につけることによって、いかなる事態・脅威に対しても対処できることになる、と主張しました。これが「能力立脚型」ということです。

ラムズフェルドは、九・一一事件の後、能力立脚型の軍事戦略を進めるという考え方をさらに強調しました。彼は、次のように主張します。

アメリカが難攻不落だった時代は終わって、攻撃を受けやすい時代になった。この新しい時代には、新しい敵が奇抜かつ不意打ち式にアメリカを襲撃するし、ますます多くの敵がアメリカ本土に戦争をしかけるさまざまな武器をもつようになる。アメリカが備える新しい戦争は、二〇世紀の戦争と違うだけではなく、テロリズムに対する戦争とも違うものだ。今後数十年にわたってアメリカが直面するのは、まったく予期できないものであるだろう。こうした不意打ち式の脅威に迅速かつ決定的に適応できることが、二一世紀における戦争計画の条件とならなければならない。こうした不意打ちに対処するために、脅威立脚型から能力立脚型に移らなければならない。つまり、何が脅威か、どこで戦争がおこるか、ではなく、敵はどう戦うのかに焦点を当て、それを阻止し、打ち破る新しい能力を開発するのだ。

ラムズフェルドの以上の主張をふまえるかぎり、九・一一事件は能力立脚型の戦略を進める必要があるとする彼の確信を強めるものであった、ということになります。つまり事件は、ブッシュ政権成立以来の軍事面での考え方をゆるがすものではなかった、ということになるのです。

ブッシュ自身がそのことを明確にしました。彼は、二〇〇一年一二月一一日の演説で、「恐怖（テロ）という脅威」に対する戦争という考え方を打ち出したのです。そして、この戦争に勝つためには従来と異なる発想が必要だと指摘しました。さらにブッシュは、恐怖に対する戦争を超えて、「文明に対する脅威」に立ち向かうという考え方も示しました。ラムズフェルドの主張を確認していることは、すぐ分かるところです。

ここでは「脅威」という言葉が使われています。しかし、その脅威とはもはやかつてのような国家というものではない、とブッシュは述べています。ブッシュがそういう脅威に対処するための優先事項の筆頭にあげたのは、ラムズフェルドの考えに立った能力立脚型の軍事能力をもつべく、アメリカ軍の変質を急ぐ、ということでした。またブッシュは、もう一つの優先事項として、ミサイル防衛をあげました。

したがって、事件がおこる前の段階で明らかになりつつあったアメリカの軍事戦略をしっかりとふまえておくことは大切です。とくにその戦略のもとで、どういう米中軍事対決のシナリオが考えられていたかを確認しておくことは重要な意味があります。

なお第四章でくわしく述べますが、中国を主要な脅威と見なすアメリカの軍事戦略をしっかりふまえておくことは、日本の保守政治が九・一一事件をうけて海外派兵の実現に走る動きを強めたこととの真のねらいを見きわめるうえでも、重要な意味をもっています。

3　米中軍事対決シナリオ

米ソ冷戦時代のアメリカは、ソ連という脅威を相手に、核および非核の両面の戦略をつくりあげました。米ソ冷戦が終わってから、権力政治の考え方に固まったアメリカは、変な言い方になりますが、ソ連に代わる脅威探しをしてきました。

クリントン政権の時代には、いわゆる「ならず者国家」脅威論が声高に主張されました。クリントン政権にはなにかと批判的なブッシュ政権も、「ならず者国家」を脅威とする見方に立ってきました。しかし、クリントン政権とブッシュ政権とでは、何を本当の脅威と見なすかについて、違いがあります。

クリントン政権の時代に「ならず者」とされたのは、イラク、イラン、北朝鮮など、かなり特定された国々でした。そしてクリントン政権の軍事戦略では、こうした特定の「ならず者」が、脅威として軍事戦略の中心にすえられていました。ラムズフェルド流に言えば、クリントン政権も脅威立脚型の考えに立っていたということです。

しかしブッシュ政権の場合、「ならず者国家」を脅威だとはしていますが、あまり本気で言っているようには感じられません。

そのことは、すでに紹介したラムズフェルドの能力立脚型の考え方からも確認できるでしょう。私がそういう印象を深くするのは、能力立脚型の軍事戦略・戦争計画を模索するなかで、とくに中国を念頭においてきた事実があるからでもあります。

「アメリカとアジア」報告は、中国と軍事衝突する場合の戦争シナリオをくわしく紹介しています。すくなくとも九・一一事件がおこるまでのアメリカは、本気で日本を米中軍事衝突にまきこむ決意であったことを知ることができます。その内容を正確に知ることは、日本の安全保障政策のあるべき姿そして日本の進路を考えるために、欠かすことができません。

台湾が戦争原因をつくる

中国と戦争することを念頭におく戦略のもとでは、アジアにおけるアメリカの戦争シナリオそして戦争態勢も大幅に修正する必要が生まれます。その点について「アメリカとアジア」報告は、

「五〇年代以来、アメリカのアジアにおける焦点はソ連および北朝鮮に向けた北東部にあった。この態勢は大きく南方に移動する必要がある」

と、ハッキリ指摘しています。政府・自民党が防衛計画大綱を見なおすにあたって、前述のように南方重視を重要な要素にすることは、アメリカの戦略重点が南方に移動することに対応したものであることが分かります。

報告の眼目は、

「琉球諸島南部にアメリカ空軍戦闘機用の前線作戦基地を設置するように日本における基地機能を修正すること」

です。そうすることは、

「中国との紛争において台湾の支援を求められるアメリカ軍にとって大いに役立つ」

というのです。ここで私たちがとくに注目しなければならないのは、アメリカ（とくに空軍）の軍事態勢の重点を中国にシフトさせるうえで、沖縄県南部の島嶼の軍事機能が重視されている点です。

報告は、アメリカが中国と武力衝突するのはどういう状況においてであるかについても検討しています。いきなり米中間で全面的な戦争になるとは考えていないようです。報告は、

「短期的には中国は台湾を侵略する能力は有していないと見られる」

と指摘しています。それでは、どういう状況のもとで中国が武力行使を考えることになるのでしょうか。

報告は、この点について、

「中国が台湾に対して武力行使することを決意する場合は、台湾側がなんらかの和解を求めるようにしむけさせるような、すみやかな政治的心理的効果を達成することを計算してのうえである可能性が大きい」

と判断しています。

重要なポイントは、「台湾側がなんらかの和解を求めるようにしむけさせる」という点に秘められています。つまり台湾側が、中国に対して和解を求めることが必要となるような行動を、先にとっているということです。もっと具体的にいえば、台湾が中国を怒らせる行動に出て、中国が軍事行動をとることを余儀なくされ、そのことがきっかけになって米中軍事衝突につながっていく、ということです。

要するに、台湾が米中軍事衝突の原因をつくることを、報告自身も考えているのです。その原因というのは、報告自身が認めるように、台湾が独立を宣言する（あるいはそれと等しい）行動に出ることです。

日本国内では、中国脅威論がしきりに宣伝される状況があります。そこで強調されるのは、全体主義（共産主義）の中国が民主主義（資本主義）の台湾を実力で征服する、ということです。だから、不幸にあう台湾に同情し、台湾が身を守ることに対して日本としては黙っているわけにはいかない。アメリカが台湾を中国の侵略から防衛するために行動することを支持しなければならない。そのためにアメリカが日本の基地を使用することについても、日本としては理解し、支持しなければならない、という議論になっていくのです。

しかし、報告が間接的な表現ではあっても認めているのは、中国が先手をとって台湾を侵略することはない、ということです。そうではなくて、中国が台湾に対して軍事行動をとることを強いられるような原因、つまり台湾の独立を宣言するという原因を台湾側がつくることによって、米中軍事衝突が現実のものとなっていくことを、報告が認めているのです。

台湾が独立を宣言するという行動をとらないかぎり、米中軍事衝突はそもそもありえません。報告も、それ以外の原因で米中軍事衝突がおこる事態を考えていないのです。

日本の私たちの立場からいえば、台湾が独立を宣言する行動に出なければ、米中軍事衝突のなかにまきこまれることは考えなくてもいい、ということになります。もっと考えるならば、日本がしなければならないことは、台湾が軽挙妄動しないように働きかけること、間違っても、台湾が独立を宣言することを支持するようなことがあってはならない、ということなのです。

中国がとる軍事行動の可能性

報告は、台湾有事の際の対中戦争シナリオとして、中国とのあいだの全面侵略戦争のことまで考えているわけではありません。むしろ、米中軍事衝突がおこる初期の段階のことを扱っています。そして、ありうる可能性としては、とくに最初の段階では、互いに政治的効果をねらったものになる可能性が強いと判断しています。その点を報告は、

「アメリカ軍が中国の攻撃から台湾を防衛することを援助する場合には、中国がいかなる方法を選択する場合であっても、その効果をさまたげることを考えなければならない」

としています。

報告は、中国のとりうる行動として、以下の七つのケースをあげます。

・挑発的な演習および実験（すなわち、一九九六年におこなわれた台湾の主要港近辺の海洋におけるミサイル実験のようなこと）
・台湾近辺または上空での挑発的な空軍活動
・台湾に対する小規模なミサイル攻撃
・台湾経済に損害を与え、その自衛能力をそこない、人々の士気を低めることを目的とした大規模なミサイル攻撃
・機雷敷設、商業用海運に対する潜水艦攻撃および港湾封鎖によるシーレーン妨害
・離島占拠
・台湾の軍事能力を破壊することをねらったミサイル攻撃および空襲

報告は、中国がとる可能性のある行動を、アメリカがことこまかに考えていることを明らかにしているのです。重要なことは、台湾そのものに対する武力行使にいたらない段階の軍事行動も含めていることです。挑発的な演習および実験、機雷敷設、港湾封鎖などです。

ということは、これに対抗するアメリカの軍事行動も、中国の武力行使にいたらない軍事行動の段階で開始されるということです。アメリカの軍事行動は、すべて日本を発進基地としておこなわれます。日本が米中軍事衝突にまきこまれる可能性は、きわめて早い段階からであることを認識しておかなければならないのです。

このように報告は、中国の軍事行動の目的は、台湾を軍事的に占領することではなく、台湾に圧力をかけて、独立宣言を撤回するという政治目的を実現することにある、と判断しています。そうである以上、「アメリカの軍事活動の目的は、主として中国による心理的圧力に対抗することにおかれる」ことになるし、「より一般的には台湾のモラールを高め、パニックを防止することを意図」したものとなることは、報告が指摘するとおりでしょう。また、「アメリカの軍事援助は、台湾の抵抗の意志が弱められる前に、中国の行動のショックに対抗するべく迅速におこなわなければならない」ことは、アメリカとしては当然ということでしょう。

アメリカがとる軍事行動

報告は、米中軍事衝突のはじめの段階でアメリカがとる軍事行動についてくわしく述べています。もっとも重要なカギとなるのは、作戦基地の確保をどうするかという問題だ、としています。報告は、

「将来における中国との衝突の際に台湾を支援する選択肢を確保するため、アメリカ空軍としては東シナ海に軍事力を投入するための作戦上の要件を把握しなければならない。台湾のいかなる有事シナリオにおいても、もっとも重要な問題は基地である」

と述べています。

それでは、アメリカが軍事行動をとるうえで必要となる基地の要件とは何でしょうか。この点について報告は、

「台湾海峡の中心部から半径五〇〇カイリの範囲内は、中国大陸をのぞけばほとんどが海域であって、陸地部分はほとんどない」

とし、

「したがって短期的な選択肢としては台湾本島に基地をおくか、日本に基地をおくかのいずれかである」

としています。

報告が五〇〇カイリという行動半径をあげているのは、F15、F16、F22などの戦闘機が給

油なしで作戦できる半径が五〇〇カイリだからだそうです。報告が明らかにするように、

「アメリカの韓国基地は台湾海峡から八〇〇カイリ以上であり、三沢は一四〇〇カイリ以上、またグアムは一五〇〇カイリ以上離れている」

ので、作戦基地としては不合格ということになります。


報告によれば、台湾にアメリカが軍事基地をおくことは政治的に不可能です。なぜならば、

「中台間の緊張が高まっている時期には、アメリカ軍が台湾に進駐することほど北京を怒らせることはほかに考えられない」

わけで、

「台湾に外国軍を展開することは、極度の緊張を衝突に転じる引き金となるだろう。したがってアメリカ空軍を台湾に駐留させることは、政治的に（中略）…非現実的な選択である」

からです。


台湾を基地にすることは、軍事的に見ても非現実的、と報告は続けます。

「作戦的に見ても、台湾を基地にすることは問題である。政治的に破滅的な結果を回避するためには、実質的な戦闘がおこなわれるまで展開を遅らせる必要があるだろうが、ということは、中国のミサイルおよび航空機によるはげしい爆撃と特殊作戦部隊による攻撃のもとでアメリカ空軍が基地に到着する、ということになる。しかしアメリカ空軍は、そのような状況のもとで

作戦を開始し、継続する実戦経験はほとんどない」

というのです。

報告は、台湾有事の戦争シナリオにおいてカギとなるのが空軍用の基地だ、とそのものズバリの形で指摘しています。そのわけは、報告が指摘するように、台湾有事に際しては陸軍および海兵隊は出動する余地がなく、海軍航空兵力以外には空軍が主力になるという事情があるからです。

海兵隊は、敵国への殴りこみが任務です。したがって、台湾有事のような防衛作戦を主体とする場合には、海兵隊の出る幕はありません。

また陸軍部隊の投入は、湾岸戦争以来、戦死者を出す戦争にきわめて慎重なアメリカの発想にはない、と考えるのが自然です。すくなくとも米中軍事衝突の最初の段階ではそうでしょう。

報告は、アメリカ空軍の基地として、台湾か日本かという選択肢を一応示したうえで、台湾については、軍事的にも政治的にも実際的ではないとしてしりぞけるのです。ということは、日本以外に選択肢はないということになります。

日本の軍事的重要性

報告は、

「台湾に基地をおくことが政治的にも軍事的にも妥当でないとした場合、日本はどうか」と問いかけます。報告が指摘するように、ここでの問題はすぐれて政治的です。つまり、アメリカの基地になることを日本が受けいれるかどうか、ということなのです。

報告は、日本の対応に楽観的な判断を示しています。すなわち、

「中国が明らかに侵略者であるとされる場合、すなわち、台湾が独立宣言など必要以上に挑発的なことをしないならば、アメリカが台湾防衛の一定の作戦に日本の基地を使用することについて、日本は許可を与えるであろう」

というのです。

報告のこの部分の記述については、注意しておきたいことがあります。すでに指摘しましたように、報告は、米中軍事衝突がおこるのは台湾が独立を宣言するような場合にかぎられることを認めていました。しかしここでは、台湾が挑発的なことをしなければ、つまり中国が侵略者であることがハッキリしている場合には、日本が基地使用をアメリカに認める、という書き方にしているのです。つまり報告は、ものごとの筋道をつくりかえ、すりかえています。

本来の筋道にしたがうのであれば、台湾が独立宣言をしなければ、アメリカが日本の基地を使用して軍事行動に出る必要はおきません。また、台湾が独立を宣言するという挑発的な行動に出るのであれば、日本としてはアメリカに基地を提供することを認めるのは困難なはずです。

しかしそれでは、アメリカの対中戦争シナリオに狂いが生まれてしまいます。そこで以上のような書き方にしているのです。

もちろん報告も、日本がどんな場合にも無条件にアメリカに基地使用を認める、と考えているわけではありません。

「たとえば日本は、その領域から中国本土に対する攻撃をおこなうことに対しては、許可しない決定をおこなうかもしれない」

と一応は認めます。しかし、

「台湾空域または公海上空においておこなわれる中国軍との作戦のために基地を使用することについては、日本が許可する可能性は高い、というのがわれわれの判断である」

というのです。

つまり、軍事衝突のはじめの段階では、アメリカが台湾およびその近くで中国と交戦する場合には、日本はアメリカ軍の基地使用を認める。しかし、アメリカが中国本土に攻撃するような場合には、日本は尻ごみするだろうといっているのです。

以上のくだりは、きわめて重要な指摘を含んでいます。

つまり、報告そしておそらくアメリカ自身は、台湾有事に際して、アメリカが日本の基地を使用することを日本は認める、と判断していることです。

「中国が明らかに侵略者であるとされる場合」という限定は、一応ついています。しかし、古今東西の戦争において、また、日本が盧溝橋《ろこうきょう》事件をおこした際の実例が示すとおり、アメリカが一方的に「中国が最初に侵略的行動をとった」と主張することは、なにもむずかしいことではありません。ましてやアメリカは、国際メディアを実質的に支配しているのです。アメリカに有利な主張をつくりあげることは、たやすいことだと見ておかなければなりません。

もう一つ注目すべき点は、米中の本格的な武力衝突の場合にも、日本が基地提供に応じると判断していることです。

この場合にも、中国本土に対する攻撃については許可しないかもしれない、と一応けことわっています。しかし、本格的な戦争になっても日本が基地使用を認める、と判断していることは、日本がアメリカに対してそう考えるだけの約束をあらかじめおこなっている、と考えるしかないでしょう。すくなくともアメリカは、そういう強い心証を得ていることは間違いありません。

また、そういう形でいったん本格的な戦争になってしまった場合、アメリカが中国本土を攻撃すると判断したときに、その段階で日本が基地使用を拒否することなど考えられるはずがありません。私たち国民の知らないところで、日米軍事協力が危険な段階まで踏みこんでいることを思い知らされます。

日本のアメリカ軍基地の問題点

しかし報告によりますと、いま日本にあるアメリカ空軍の基地、とくに沖縄最大の嘉手納《かでな》基地は、大きな問題をかかえています。つまり、

「嘉手納基地は台湾海峡からほぼ五〇〇カイリ離れている」

し、

「嘉手納はまた、戦闘機の大部隊が頻ぱんに出撃することを支援する能力がかぎられている」

というのです。

ではどうすればいいか。

「航続距離が長い偵察機や重爆撃機については、台湾防衛支援のためにグアムから作戦することが可能である」

また長期的に考えた場合の、

「一つの方法は、フィリピンとの協力を拡大することだろう。マニラは台湾海峡中央部から約六五〇カイリだが、ルソン島北部の基地であれば約四五〇カイリとなる。バタン島であれば約三〇〇カイリとなる」

からです。しかし報告が考えているのは、近い将来における米中軍事衝突のシナリオです。

したがって、もっと現実的な方法を考えることが必要となるわけです。

報告は、きわめて具体的な提案をおこなっています。

「在沖縄海兵隊を削減ないし廃止する場合、アメリカは、普天間《ふてんま》にある海兵隊空港を戦闘機用共用作戦基地とする可能性を調査するべきである。同基地は、平時における予備的地位にあるが、危機においては、戦闘用および支援用航空機の急速な配備を受けいれるようにすることが考えられる。伊江島の飛行場も使用できるし、那覇の航空自衛隊基地にも配備することができる」

「沖縄本島は、琉球列島のちょうど中央に位置している。さらに南西方向の台湾にかなり近い地域には多くの島嶼がある。（中略）…たとえば下地島は、台北《タイペイ》から二五〇カイリ以下であり、一〇〇〇〇フィート（約三〇〇〇メートル）の滑走路をもつ商業用空港がある。同島はまた、日本の巡視船の基地として機能する相当の規模をもつ港湾もある。（中略）…しかし、滑走路拡張、武器貯蔵施設設置などの十分な施設をつくるために、どれほどの投資が必要かはさだかではない」

アメリカがここまで細かく沖縄の軍事基地の可能性を検討していることを、報告が平然と明らかにする神経には、日本人として許容限度を超える、と思うのは私だけでしょうか。それとも報告は、このような内容を明らかにしても、どうせ日本国民は知るよしもない、とたかをくくっているのでしょうか。

それはともかくとして、台湾に対するアメリカ空軍の作戦をおこなううえで、沖縄県南部の島嶼が標的に定められていることは、今後の日米交渉を見ていくうえで、忘れてはならないことです。

下地島空港所在の伊良部町町長が自衛隊基地誘致に積極的姿勢を示したことには、暗然とした気持ちになるほかありません。自衛隊誘致から米空軍の常駐化までは、またたく間のことでしょう。しかも自衛隊が使用するということで「滑走路拡張、武器貯蔵施設設置などの十分な施設」がつくられれば、報告が懸念する投資問題は一気に解決することになるのです。前述の自民党の麻生政調会長の視察は物見遊山ではないのです。

しかも報告は、次のようなことまで触れています。

「沖縄の南部にアメリカの基地設置を許可する試みに対しておこりうる抵抗を克服する一つの手段は、日本政府とくに沖縄の人々に見返りをなんらかの形で与えることではないか。沖縄からの海兵隊撤退など、沖縄駐留のアメリカ軍の撤去または削減は、台湾海峡という紛争水域周辺の重要な地域に足場を確保するために、アメリカが支払う代価でありうる」

つまり報告は、アメリカ空軍の基地拡張および新設に対する日本とくに沖縄の反対をかわすエサとして、在沖縄海兵隊の撤退を示しているのです。

報告が明らかにしているように、朝鮮有事がさしせまった問題ではなくなったいま、沖縄に海兵隊を常駐させておく必要性はなくなっています。インドネシアの政情不安などに対処するためには、沖縄ではなくグアムに海兵隊を駐留させることで、十分用は足りるのです。

すなわち報告が提起するのは、アメリカにとってなんら痛くもかゆくもないもので、本来代償とはとてもいえないものなのです。これはまさに、もはや手狭になって役に立たなくなった普天間を返還するとして、ハイテクを駆使した代替基地を手にいれようとする手法そのものです。ここまでくると、本当に日本もなめられたものだ、という以外に言葉が見つかりません。

新ガイドラインとの接続

「アメリカとアジア」報告の対中戦争シナリオは、台湾有事のはじめの段階までしか扱っていません。しかし新ガイドラインでは、対日攻撃対処（日本に対する攻撃があった場合の対応）をも扱っています。どうして対日攻撃対処のことまで考えなければならないのでしょうか。

台湾が独立を宣言すれば、中国は軍事行動をおこす。アメリカは、中国に対抗して軍事行動をおこす。アメリカ空軍は、台湾およびその近くで中国と交戦状態にはいる。日本は、アメリカ軍が日本の基地を使用することを認める。ここまでは、報告が予想していることです。

しばらくは、米中のあいだで小さい衝突が続くかもしれません。

この段階で、新ガイドライン・周辺事態法にもとづく日本の対米支援がおこなわれることになります。日本は米中戦争にまきこまれるのです。

アメリカと中国の軍事力からいって、中国は間違いなく軍事的に劣勢に立たされるでしょう。しかし中国としては、台湾の独立を認める気持ちはありません。あくまで抗戦することになります。泥沼化を避けるために、アメリカが中国に対して攻勢に出ることは十分に考えられることです。

つまり、戦火は拡大する可能性が大きいのです。そういう過程で、アメリカが中国の海空軍基地をたたくなど、戦争をエスカレートさせる可能性は大きいでしょう。

このような段階になったとき、中国としては、アメリカ軍の能力を破壊することを考えるようになるのは避けることができません。具体的には、アメリカ軍の発進基地をたたくことになります。発進基地をたたくことは、中国としては、ミサイルでおこなうことができます。

日本は、否応なしに戦争にまきこまれ、アメリカ軍の基地がある地域を中心にして戦場になります。このような事態に対応しようとするのが、新ガイドラインの対日攻撃対処であり、とりわけ新ガイドラインが明記している弾道ミサイル攻撃に対する応戦なのです。

ミサイル防衛については、後で説明します。その前にハッキリさせておかなければならないことがあります。

対日攻撃対処といいますと、日本が攻撃されるということですから、米日が協力してこれを撃退するために戦うのは当たり前、という雰囲気があります。つまり、自衛権の行使、という理屈です。

しかし、中国が日本にあるアメリカ軍の基地に対しておこなう攻撃は、アメリカ軍の猛攻を食いとめるためのやむにやまれぬ選択なのです。もっといえば、台湾有事にアメリカが軍事介入をすることを考えなければ、米中軍事衝突はおこらないのです。さらにいえば、台湾が中国を怒らせる独立宣言などの動きに出てしまうことこそが、問題の発端になるのです。

日本は、そういった事情をすべて無視して、そのアメリカの軍事行動に対して基地を提供し、後方支援をおこなってしまうのです。こういう事情を無視して、自衛権を行使する、という理屈はおよそなりたたないのです。

新ガイドラインではぼかしているから分かりにくいのですが、アメリカは、日本がゆえなくして他の国から侵略される戦争シナリオはいまやもっていません。日本が戦場になり、対日攻撃対処を考える必要があるのは、アメリカが戦争をおこし、相手が必死の反撃を試みる（それこそが自衛権の行使、とされるものです）結果としてしかありえないのです。繰り返しますが、それは、自衛権の行使とはまったく無縁なのです。

4　ミサイル防衛問題

アメリカと日本のあいだのミサイル防衛に関する協力は、クリントン政権の時代にはじまりました。日本の保守政治の積極姿勢は、欧州諸国が対米協力に慎重であることと比べても、きわだっています。

欧州諸国が慎重なのは、ミサイル防衛という構想そのものにひそむ攻撃的な本質や、核軍拡競争の引き金になる危険性があることを考慮するからです。欧州諸国はまた、ロシアがこの構想にどういう姿勢でのぞむかということも考慮します。自分たちが原因をつくって、ロシアをふたたび敵にまわすようなことは避けたい。欧州諸国は、そう考えているのです。

日本国内では、ミサイル防衛構想について、まともな議論もおこなわれないまま、保守政治が進める対米協力が既成事実をつみかさねています。

欧州諸国にとってのロシアにあたるのは、日本にとっては中国です。中国は、ロシア以上にアメリカのミサイル防衛構想に、強く反対しています。ところが日本国内では、日中関係にひきつけてミサイル防衛問題を議論する雰囲気はほとんどありません。

ミサイル防衛

ミサイル防衛の根本にあるのは、相手側からくる弾道ミサイルをミサイルでうち落とすこと(迎撃)によって被害を受けないようにする、ということと説明されてきました。そういう考え方は、弾道ミサイルが登場するとともに生まれました。しかし超高速で飛行し、しかも多くの弾頭(おとりも含む)に分かれるかもしれないミサイルをうち落とすミサイルの開発は、技術的には至難のわざといわれています。

また、いずれかの国が迎撃ミサイルを開発すれば、相手側は迎撃ミサイルの数をうわまわる攻撃ミサイルをもつことで対抗するでしょう。そのことは、とりもなおさず核軍拡につながってしまう、ということです。

こうして米ソ冷戦時代には、アメリカもソ連も迎撃ミサイルには手をつけないことを約束(ABM条約)することで、核軍拡競争をおこなうことがないようにしたのです。

近年になって、アメリカがふたたび迎撃ミサイルに関心をもつようになったのは、クリントン政権時代に「ならず者国家」脅威論が登場してからのことです。アメリカは、イラン、イラク、北朝鮮のような国家が、アメリカや海外のアメリカ軍を標的におさめるミサイルを手にいれ、あるいは開発する能力を身につけることに警戒を強めたのです。

アメリカは、これらの国々が手にするミサイルの数はかぎられている。また、多くの弾頭を積むミサイルを開発する能力はない、と見ます。したがって、かぎられた数のミサイルをうち落とすミサイルを開発することは軍事的に意味がある、と考え、研究開発に着手したのです。しかし実験は失敗をかさね、クリントン政権は、この問題をブッシュ政権に宿題としてゆだねる形になったという事情があります。

ブッシュ政権は、クリントン政権以上に本気です。表向きの理由は、ブッシュ演説が明らかにしているように、「ならず者国家」のミサイルに対抗するということになっています。クリントン政権と違うのは、ブッシュとラムズフェルドは、研究開発が不十分な段階でも迎撃ミサイルの配備に踏みきる意欲を示していることです。

ブッシュ政権のこの方針は、九・一一事件以後もまったく変わりませんでした。むしろ、能力立脚型の戦略においてもっとも重要な位置を占めるミサイル防衛の研究開発をさらに推進する構えです。

アメリカがミサイル防衛の研究開発を進めるうえでの最大の障碍《しょうがい》はABM条約です。一九七二年に米ソの間で結ばれたこの条約は、ミサイル防衛の研究開発を厳しく制限するもので、核軍拡競争をおさえる役割をになってきました。ブッシュは就任以来、ミサイル防衛を進めることを公言し、ＡＢＭ条約を邪魔もの扱いしてきましたが、二〇〇一年一二月一三日に、この条約から脱退することをロシア側に通報しました（半年後に効力発生）。

アメリカが考えているミサイル防衛には、アメリカ本土に対するミサイル攻撃に対処する国家ミサイル防衛（ＮＭＤ）と、海外に駐留するアメリカ軍に対するミサイル攻撃に対処する戦域ミサイル防衛（ＴＭＤ）の二種類があります。ＮＭＤとＴＭＤとをあわせて、弾道ミサイル防衛（ＢＭＤ）といいます。

中国とＢＭＤ

中国は、このアメリカの政策に強く反対しています。なぜでしょうか。

中国は、アメリカの真のねらいは中国のミサイルを無力化することにある、と考えているからです。このように考える中国はおかしいでしょうか。ランド研究所の「日本とＢＭＤ」報告を読むと、中国が警戒するのはもっともであることが分かります。

表題が示しているように、この報告は、日本にとってＢＭＤがどういう意味をもつかについてまとめたものです。

報告は、日本がＢＭＤに関心をもつ根拠として、中国が日本を射程におさめる二種類の準中距離ミサイル（ＭＲＢＭ）と一種類の中距離ミサイル（ＩＲＢＭ）をもっていることをあげています。報告によれば、MRBMの射程は二八五〇キロメートルと一八〇〇キロメートルであり、IRBMの場合は四七五〇キロメートルです。両者をあわせた数は、一〇〇ないし一八五としています。このほかにも中国は、二〇〇五年までに、日本を射程におさめる二種類の弾道ミサイル（一つは移動式、もう一つは潜水艦発射）を配備するだろうと、報告は予想しています。以上にあげたいずれのミサイルも、核弾頭を積むことができます。

報告は、台湾危機がエスカレートする過程で、中国が、在日アメリカ軍あるいは日本領土を攻撃するために、これらのミサイルを使用するかもしれない、と指摘しています。台湾危機がエスカレートすれば、日本が否応なしにまきこまれることについては、すでに述べました。また報告は、日本がBMDの開発および配備を真剣に考慮する場合には、中国のミサイルに対処するという計算が大きな要素になるだろう、とも述べています。

つまり、台湾危機がエスカレートする場合には、陸海空の戦力でアメリカおよび日本に対して圧倒的に劣勢な中国としては、ミサイルを使用する可能性が高くなる、ということなのです。その可能性に対して、アメリカは、日米が協力して研究開発を進めているTMDによって対抗することを考えている、というわけです。

アメリカの計算としては、中国のミサイルを無力化するTMDがあれば、中国からの反撃の可能性をほとんどゼロにすることができます。そうなれば、なんの心配もなく中国に対する戦争をエスカレートできることになるのです。

戦況がさらに深刻になり、中国としてはほかに手段がないと判断すれば、アメリカ本土に対して大陸間弾道ミサイル（ＩＣＢＭ）を発射する誘惑に駆られるかもしれません。その場合に備えるのがＮＭＤです。

中国がもっているＩＣＢＭの数は、いまのところきわめてかぎられています。またその弾頭は一つであり、いわゆる多弾頭ではありません。したがってアメリカとしては、技術的に対処が不可能なわけではない、と考えている可能性があります。

「日本とＢＭＤ」報告が明らかにしているように、アメリカは、中国とのあいだでミサイルによる戦争がありうることを計算にいれて、ものごとを進めようとしています。アメリカが本気でＢＭＤの研究開発を進める構えであるのは、中国の反撃能力をゼロにするため、と中国にうつるのも、それなりの根拠があることなのです。

これまで中国は、アメリカ本土にとどくＩＣＢＭをごくかぎられた数におさえ、また、先に核兵器を使用することをしない（先制不使用）という政策を繰り返し明らかにしてきました。それは、中国の核兵器があくまで核攻撃を受けた場合の報復のためのものであり、アメリカに対して先制核攻撃をおこなう気持ちがないことを示すものなのです。

アメリカがＢＭＤ開発にのりださないかぎり、アメリカが万一中国に核攻撃を考えた場合にも、中国のかぎられた数のＩＣＢＭで、アメリカにとって耐えられない被害を与えることができます。だからアメリカとしては、中国に対する核攻撃を思いとどまるしかありません。このような中国の考え方を、最小限抑止ということもあります。

ＢＭＤと核軍拡競争

しかし、アメリカがＢＭＤの開発に成功すれば、中国のかぎられた数のミサイルをうち落とすことができるようになるかもしれません。そうなれば、中国は、アメリカに戦争を思いとどまらせる手段を失うことになります。中国は、最小限抑止戦略そのものを見なおすことを迫られるのです。

まず、ＮＭＤとの関連で考えます。

中国として考えられる対抗策は、理論的にはともかく、事実上は一つしかありません。理論的にというのは、中国もＢＭＤの研究開発にのりだすということが一応考えられるからです。しかし、アメリカの圧倒的な核ミサイルに有効に対処できるだけのＢＭＤを研究開発することは不可能です。

米ソ対立のさなかでも、ソ連は、アメリカと合意して、ＢＭＤの研究開発をつつしむことを選びました。中国は、当時のソ連ほどの科学技術力をもっていません。ＢＭＤの研究開発で対抗することはできないでしょう。

　中国として現実に考えられる方法は、アメリカが配備する迎撃ミサイルの数をうわまわる攻撃ミサイルを用意することです。このことは、中国にとって技術的には問題がありません。問題があるとすれば、むしろ経済的な負担です。

　中国は、経済発展を最重点の課題としています。

　一九八〇年以来、中国経済はめざましい発展をとげてきました。「アメリカとアジア」報告は、二〇一〇年前後には、中国の国内総生産（ＧＤＰ）がアメリカに匹敵するまでになる、と見ています。

　しかし中国は、約一三億の人口をかかえています。国民一人当たりにすればなお発展途上国ですし、その状況はそう簡単には解消しません。そうであればこそ、中国としては、できるかぎり多くの資金を経済建設に向けたいところです。

　しかし、アメリカが、中国との軍事対決の可能性を考慮にいれて、ＮＭＤの開発と配備を本気で進めることになれば、中国としては、対抗するしかなくなるでしょう。ということは、ＩＣＢＭさらには潜水艦発射弾道ミサイル（ＳＬＢＭ）と長い航続能力をもつ原子力潜水艦本体の開発と配備のために、多くの資金をふりむけることを余儀なくされる、ということを意味します。

米ソ冷戦において、ソ連は自滅しました。その大きな原因は、アメリカと軍拡競争するために、巨大な軍事費の支出をおこない、そのことがソ連経済を圧迫したことにあります。ブッシュ政権は、公然とは認めていませんが、中国がアメリカに匹敵する経済超大国になることに警戒心をつのらせていることは、想像がつきます。

中国が、アメリカに対抗するために、貴重な資金を軍事にふりむけるように強いることは、アメリカにとっては悪い話ではありません。中国が悲鳴をあげてアメリカの軍事的圧力に降参し、アメリカの言うことを聞くようになれば、アメリカにとってはもっとも好都合でしょう。また、中国が歯をくいしばってあくまで抵抗するということでも、中国の経済建設のスピードは落ちることになるから、アメリカにとっては、それはそれで結構、ということになります。権力政治の考え方に立つアメリカは、当然のようにそういうことを考えるのです。

では、TMDについてはどうでしょうか。

すでに述べましたように、日本を射程におさめる中距離および準中距離の弾道ミサイルに関しては、中国の保有数は現在でも一〇〇基を超えている、と見られています。しかも、毎年増加しつつあるといいます。台湾を射程におさめる短距離ミサイルまで数にいれたら、倍以上になることは確実です。

この場合には、すくなくとも当面のところ、軍事的なバランスは中国に有利と見るのが自然でしょう。なにしろ、アメリカが独自で研究開発を進めているNMDミサイルとは違い、TMDミサイルの日米共同の研究開発はまだはじまったばかりです。しかしこういう判断は、アメリカの説明を額面どおりに受けとめる場合にだけ、なりたつことを忘れるわけにはいきません。

アメリカの公式の説明は、相手のミサイルが発射されてから目標に到達するまでのあいだ、とくに発射されて加速がつくまでのあいだと大気圏に突入して目標に到達するまでのあいだのいずれかの段階でむかえうつということになっています。しかし、私自身が中国側の専門家と話しあっているあいだに感じたことは、アメリカ側の公式説明を鵜呑みにしてしまっていいのか、という疑問でした。

中国のミサイルを無力化するうえで、アメリカ（および日本さらには台湾）にとってもっとも確実な方法は、発射される前の段階、つまりまだ地上にあって動いていないときに、そのミサイルをたたくことです。そのように考えると、ラムズフェルドが、TMDの研究開発が成功する前の段階でも実戦配備することに意欲的である理由が納得できるのです。まだ地上にあって動いていない標的であれば、アメリカが現在もっている能力でも十分に対応できるからです。

九・一一事件を受けたアメリカのアフガニスタンに対する軍事攻撃が、なによりもますアフガニスタンの航空能力と対空能力を徹底的にたたくことに重点をおいたことは、中国との戦争に関するアメリカの考え方を知るうえでも参考になります。アメリカのいう自衛権の行使とは、相手の攻撃に対して反撃するだけではなく、相手の反撃の可能性を予防する先制攻撃をも含んでいるということです。

いくらなんでも、アメリカがそこまで考えているはずがない、という反論はあるでしょう。しかし、中国としてみれば、アメリカの説明を額面どおりに受けとめて、安心するわけにはいきません。現実にも、アメリカが発射された後のミサイルをたたくか、まだ地上にあるミサイルをたたくか、第三者が客観的に証明することはできないのです。

このように考えると、ＴＭＤの分野でも中国は苦しい立場におかれることになります。ＴＭＤに関しては、軍事的なバランスは中国に有利である、ということにはなりません。

むしろ、アメリカ（および日本、台湾）が配備することができる対地攻撃用ミサイルの数をうわまわるだけのミサイルを配備しなければならないということになって、中国が大変なコストを強いられる可能性が大きいのかもしれません。そうなると、ＴＭＤをめぐっても中国経済の足かせになる軍拡競争に追いこまれることになります。

第二章　自衛権の歴史

――集団的自衛権という考え方はどのようにして生まれたのか

いま、憲法改正（正確にいえば、改悪）がもっとも重要な政治問題となろうとしています。その焦点は第九条です。とくに、第九条と集団的自衛権の関係が最大の争点となっています。日本の国家としてのあり方を考えるうえで、集団的自衛権を認めるべきか、認めるべきではないのか。第九条は集団的自衛権を認めるか、認めないのか。国内の議論の多くは、この二つの問題をめぐって争われる、といってもいいでしょう。

しかし、私はこういう議論のあり方に強い疑問を感じています。私が根本的に疑問に思うのは、このような議論が、集団的自衛権という権利はあるもの、という前提を暗黙のうちに認めてしまっていることです。そう決めこむこと自体に問題があるのではないか、と考えるわけです。

これから明らかにしますように、集団的自衛権の本質は「他衛」であって、自衛ではありません。本質が他衛であるものを自衛というのは、根本的に無理があるのではないか、というのが私の疑問です。それをなぜあえて集団的自衛権というようになったのでしょうか。

また、集団的自衛権という用語は、国連憲章ではじめて使われました。国連憲章は、どうして集団的自衛権という用語を使うことになったのでしょうか。

さらにまた、集団的自衛権といいますが、本当に権利として考えることには問題がないのでしょうか。

そもそも、集団的自衛権のもとになった自衛権という考え方は、国際社会の歴史のなかでどのように扱われてきたのでしょうか。

こうした問題点をふまえないかぎり、集団的自衛権に関する国内の議論は、いつまでたっても実のあるものとはならない、と強く感じるのです。

自衛権の歴史をたどることによって、以上の疑問に対する解答をひきだすこと、それがこの章の目的です。

1　戦争と自衛

国際社会の歴史のなかで、自衛という考え方は、戦争の問題と密接に結びついています。戦争に関する受けとめ方は、時代とともに変わってきました。今日では、戦争はよくないもの、とする理解が当たり前になっています。とくに日本では、戦後の長いあいだ、反戦平和といわれるように、平和と戦争反対は同じこととされてきました。

しかし、戦争はよくないものという理解は、けっして昔から当たり前だったわけではありません。一方では逆に、昨今の国内の雰囲気を見ていると、反戦平和も、いまやもはや、当たり前、とはかならずしもいえない状況も生まれています。

国際的には、戦争に関する見方、認識が変化するなかで、自衛あるいは自衛権という問題が意識されるようになりました。つまり、自衛あるいは自衛権という問題は、国際社会の歴史の産物ということです。自衛権は国家がもっている固有の権利、とする理解も、やはりそういう歴史のなかで生まれたのです。

戦争についての考え方の変化

戦争は、国家が誕生して以来の歴史とともに古い歴史をもっています。

戦争はすぐれて国家と国家とのあいだの問題として位置づけられてきました。そのことは、今日においても基本的に変わりはありません。

戦争という問題をどのように考え、扱うかについては、すでに古代のギリシャ、ローマでも大きなテーマでした。とくに、正しい戦争（正戦）と正しくない戦争とを分ける考え方には、古い歴史があるのです。

欧州の国際社会でもまた、キリスト教の影響のもとで、正しい戦争と正しくない戦争とを区別し、正当な戦争は許容されるとする考え方（正戦論）がありました。

たとえば、国際法の父といわれるグロティウスは、国家がほかの国家に対して戦争にうったえることが正当化される原因として、自己防衛、財産の回復および処罰の三つをあげていました。グロティウスはすでに、自己防衛、今日的にいえば自衛、のための戦争を正当なものとする考え方を示していたのです。ただしグロティウスは、自衛のためのものであっても戦争であることには変わりがない、とする立場でした。

しかし、現実に戦争がおこなわれるときのことを考えてみましょう。戦争する当事者である国家は、自らの戦争は正しい戦争、と主張するに決まっています。国際社会では、国家のうえにくるものはありません。したがって、戦争する国家が互いに自分の正しさを主張すれば、水かけ論に終わるだけです。

この問題は、グロティウスを含めた当時の国際法学者の頭を悩ませました。

結局、自らが正しいと信じて戦争をする当事者であるいずれの国家をも区別して扱うことはできない、とする考え方が支配的になったのです。このような考え方がさらに突きつめられた結果、戦争は、国際法が定める手続きにしたがうかぎり認められる（合法）、とする見方（無差別戦争観）が受けいれられるまでになりました。

無差別戦争観といっても、すべての戦争を積極的に認める、という趣旨ではありませんでした。国家は好き勝手にほかの国家に対して戦争にうったえてもいい、ということではなく、国家間の紛争を解決するほかの手段がない以上、問題解決の最後の手段として認めるほかはない、というかいわば消極的に受けいれる考え方だったのです。

国家のうえに立って判断し、判断にさからう国家を処罰するものがない、という国際社会の動かすことができない現実が、決定的な要素となりました。

しかし、火薬が兵器に応用され、産業革命が兵器の革命をもたらした結果、一九世紀にはいって戦争は、格段に残酷なものになりました。それとともに、無差別戦争観を反省する動きも生まれてきました。

この時代にはまず、人道的な立場から、戦争の傷病者を保護することの必要性について、認識が高まるようになりました。たとえば一八六四年には、戦争による傷病者を保護するための最初のジュネーヴ条約が結ばれています。一八六八年には、一七カ国が参加した国際会議で、セント・ペテルスブルグ宣言が採択されました。宣言は、人道上の考慮が戦争の必要に優先する、という認識にもとづいて、戦争において国家が一定の兵器を使用することを禁止する内容でした。

一八九九年と一九〇七年に開催されたハーグ平和会議では、戦争を規制する条約とともに、国際紛争を平和的に処理するための条約が採択されました。国家が戦争をおこさないために努力する、はじめての国際的な試みでした。

このような努力と試みを土台にして、第一次世界大戦という惨禍に学んだ国際社会は、国家による戦争を厳しく規制し、さらには戦争そのものを違法とする課題に取り組むことになります。

戦争と自衛

自己防衛すなわち自衛のために国家がおこなう戦争は正当である、という考え方が早くから存在していたことは、すでに述べたとおりです。しかし無差別戦争観が広まった時代には、この点についての議論が深められることはありませんでした。

戦争を厳しく取り締まり、違法とすることとの必要性が認識されるようになってからも、そのことだけで国際社会から戦争がなくなる、と楽観的に考えられたわけではありません。国際問題が深刻になり、国家間で紛争になった場合、紛争を解決する国際的な仕組みはありませんから、すべての国家が戦争をつつしむ保証はありませんでした。

戦争をつつしもうとする国家があったとしても、ほかの国家から戦争をしかけられてしまった場合には、応戦を余儀なくされるでしょう。国家のうえに立つものがない国際社会では、結局どの国家も自分で自分を守るしかないのですから。

こうして、侵略・攻撃の戦争はいけないが、自己防衛すなわち自衛のための戦争はやむをえない、国家は自衛権をもつ、とする考え方が注目されることになったのです。

一般に自衛権とは、ある国家が、ほかの国家から不法な武力攻撃を受けたときに、それを排除するうえでほかに手段がなくて緊急やむをえない場合、必要の限度を超えない範囲で反撃する権利、と定義されています。

「不法な武力攻撃」というとむずかしく感じるかもしれませんが、侵略のようなケースのことです。侵略されたら、反撃として何をしてもいい、ということではありません。軍事的手段以外に侵略に対抗する方法がないこと、侵略を排除するために必要な限度にとどまること、という条件を満たさなければならない、とされてきました。

以上をまとめて、①急迫不正な侵害があること、②その侵害を排除するうえでほかに手段がないこと、③排除するための実力行使は必要最小限度であること、の三つが国家の自衛権行使の三要件ともいわれています。

カロライン号事件と自衛権

自衛権との関連でよくひきあいに出されるのは、一八三七年におこったカロライン号事件です。事件は次のようなものでした。

当時まだイギリスの植民地だったカナダで、イギリスからの独立をめざして戦っていた人々がいました。アメリカ船籍のカロライン号は、彼らを支援するために、人員や物資を輸送していました。イギリスは、アメリカの港に停泊していたカロライン号をとらえ、これに放火し、ナイアガラ瀑布に落としたのです。アメリカは、イギリスの武力行使に抗議しました。これに対してイギリスは、自衛の行動であったと主張したのです。

一八四一年になってアメリカは、イギリスに対し、自衛の行動であったことを証明するように要求しました。そして証明が必要なこととして、「さし迫っていた」かどうか、「ほかの手段を選ぶ余裕がなかった」かどうか、イギリスがとった行動が「必要に限定され、明確にその範囲内」であったかどうか、の三点をあげました。前述した自衛権の三要件であることは、すぐに分かるでしょう。

イギリスは、その証明となる説明をおこなったうえで、アメリカの領域を侵犯したことについては遺憾の気持ちを表したため、アメリカはこれを受けいれて、事件は解決したのです。

この事件をつうじて、イギリスとアメリカは、自衛が武力行使を正当化する根拠として認められることについて、意見が一致しました。アメリカがイギリスに証明を求めた、自衛といいうるための三つの要件は、自衛の内容を明らかにする意味をもっています。

ただし、カロライン号事件については、国際法上の自衛権を認めた先例として扱うことはできない、という考え方が強いようです。そう判断する根拠として、次の理由があげられます。

まず、カナダの独立運動を支援していたカロライン号は、アメリカ船籍ではありますが、アメリカという国家が直接かかわったわけではない。つまり、アメリカがイギリスに対して不法な武力攻撃をしたわけではない、ということです。これは、侵略の主体の問題です。

また、イギリスの武力行使がアメリカの領域のなかでおこなわれたことも問題にされます。つまり、本当に緊急でやむをえない、必要な限度内の軍事行動といえるかどうか、ということです。これは、過剰防衛の問題です。

いずれについても、カロライン号事件は、今日国際的に広く受けいれられている自衛権についての国際的な理解にぴったりとあてはまらない内容があります。しかし、当時のアメリカはそのいずれの点も問題にしませんでした。そして、第三章で触れますが、問題とされる侵略主体、過剰防衛の点を含め、自衛権の内容については、今日なおいろいろ議論があり、決着がついていません。

2　国際連盟と戦争

国際連盟規約と戦争

国際連盟規約は、第一次世界大戦の反省に立って、国家間の戦争を厳しく制限することを目的としていました。ただし規約は、戦争をすべて違法にする、とする考え方ではありませんでした。

規約の前文は冒頭で、「締約国ハ戦争ニ訴ヘサ（ザ）ルノ義務ヲ受諾」する、としています。つまり、戦争そのものを違法とするのではなく、各国が戦争にうったえないことを義務として約束することによって、戦争がおこらないようにする、という考え方でした。

さらに規約は、加盟国が戦争しなくても紛争を解決できるようにするため、国際裁判および連盟理事会による平和的な解決という二つの方法を用意しています。

しかし規約は、この義務・約束に違反して戦争にうったえる国家が現れることを予想していました。すなわち、戦争しないという義務・約束に違反する国家については、他のすべての連盟加盟国に対して戦争にうったえたと見なし、連盟および連盟加盟国が戦争を含めた対抗手段をとる、と定めたのです（第一六条）。

このように、規約違反の戦争をおこなった加盟国を、戦争の相手とされた国家だけの問題とせず、他のすべての加盟国に対する挑戦と見なし、集団として対抗措置をとる仕組みを集団安全保障体制といいます。連盟規約は、集団安全保障体制を正式に採用した国際社会の最初の試みでした。

以上から分かりますように、連盟規約は、戦争を違法として取り締まる、とする考え方ではありませんでした。規約に違反して戦争する国家に対しては、連盟も戦争によって対抗する立場をとったのです。

連盟規約は、戦争を取り締まることについて、かならずしも徹底していませんでした。たとえば規約は、連盟理事会が全会一致（紛争当事国をのぞく）で紛争解決の勧告をもりこんだ報告書を作成できない場合（第一五条七）、または連盟理事会の報告が出た後三カ月たっても問題が解決しない場合（第一二条一）などには、紛争当事国が戦争にうったえることを禁止していません。

戦争そのものが禁止されたわけではなかったため、戦争を正当とするための根拠として考えられることになる自衛権の問題は、規約との関係で大きくとりあげられることはありませんでした。ただし、連盟が活動していた時期にも、規約上の義務に違反した軍事行動を、自衛権によって正当としようとしたケースはありました。

日本は、柳条湖事件をきっかけにいわゆる満州事変をおこし、中国を侵略しました（一九三一年）。日本の行動は、規約に定められた義務をいっさい無視したものでした。国際的な批判に対し、日本政府は、自らの行動を自衛のためのもの、と主張したのです。しかし日本の主張は、連盟総会決議（三三年）でしりぞけられました。

規約には、ほかの問題もありました。それは、規約が戦争の定義をおいていないことです。「戦争」という用語は、国際法では決まった意味があります。つまり、国家がほかの国家に対して戦争の意思を表明したうえでおこなう武力行使、ということです。具体的な意思表明の方法として、たとえば宣戦布告があります。

これに対して、宣戦布告などの意思表示をしないで武力行使する場合も、現実にはいくらでもあります。こういうものも、戦争と一般にいわれています。連盟規約が「戦争」の定義をしていなかったため、規約が取り締まろうとした戦争の範囲はハッキリしませんでした。

ただし、連盟規約のもとでは、戦争にうったえる抜け道があったわけですから、定義がないことが重大な問題になるわけではありませんでした。

不戦条約と戦争

不戦条約、正式には「戦争放棄に関する条約」が成立するきっかけとなったのは、国際連盟に加盟していないアメリカに対して、フランスがおこなった提案でした（一九二七年）。フランスは、二国間の不戦宣言および紛争を平和的に解決することを提案したのです。

これに対してアメリカは、戦争を無条件で禁止する多国間の条約を結ぶ、とする反対提案をおこないました。その結果、この条約は、日本も参加して成立しました（二八年）。

不戦条約は、国際紛争を解決する手段として戦争にうったえることを非とし、国家の政策の手段としての戦争を放棄することを宣言しました（第一条）。そして、すべての国際紛争を平和的な手段で解決することを約束したのです（第二条）。

その内容は、明らかに国際連盟規約の考え方を超えるものでした。たしかに、戦争そのものを違法とする、とする規定ではありません。しかし、無条件で戦争を放棄するとした以上、戦争にうったえることは違法、となります。

不戦条約には、連盟規約でもそうであったように、「戦争」という用語についての定義はありません。むしろ、各国のあいだで交渉がおこなわれるなかで、条約によって禁止される戦争に含まれないケースを具体的に合意する形がとられました。とくに、アメリカとフランスおよびイギリスとのあいだのやりとりをつうじて、以下のことについて了解が得られることになったのです。

自衛権の承認

フランスは、二つのポイントからなる提案をおこないました。

一つは、国家の政策の手段としての戦争を放棄する、とする条約の規定は、正当防衛の権利、すなわち自衛権を害さない、と明記することでした。自衛権については例外として認めるべきだ、とする考え方が出されたのです。もう一つは、条約に違反する国家に対しては戦争にうったえる権利がある、と明記することでした。

フランスの提案に対するアメリカの回答は、フランスが問題にしている点は当然であり、改めて条約のなかで規定するまでもない、とするものでした。

自衛権に関しては、アメリカは、次のように説明しました。すなわち、この権利はすべての主権国家にとって固有のものであり、条約に明記しているかどうかにかかわらず、国家は攻撃や侵略に対して自国を守る権利をもつ、と。

自衛権は主権国家に固有のもの、とするアメリカの主張は、国連憲章にも反映されることは、第三章で見るとおりです。しかし、アメリカの主張は、当時においてはかならずしも当たり前とはいえなかった、と考えられます。むしろ、アメリカの主張が不戦条約に参加した国々によって受けいれられた事実をとおして、自衛権は主権国家に固有の権利、とする解釈がとおるようになった、と考えるべきでしょう。

ただし、カロライン号事件に際してアメリカがとった対応をふりかえってみますと、フランスの問題提起があったから、アメリカが「自衛権は主権国家の固有の権利」と主張したわけではないことが理解されます。

この事件でアメリカは、イギリスがもちだした自衛の行動という主張そのものに、異議をとなえたわけではありませんでした。アメリカが要求したのは、本当に自衛の行動だった、とするならば、そういえるだけの証明をおこなえ、ということでした。そして、イギリスがおこなった説明に対しては、異議をとなえませんでした。国家には自衛の行動をとる権利があるとすることについては、アメリカは、もともと当然のこととして扱うだけの下地があったのです。

フランスのもう一つの提案にも、重要なポイントが含まれていました。フランスは、不戦条約に違反する国家に対しては、戦争にうったえる権利は害されないと主張し、アメリカは、その主張を当然なこととして受けいれました。不戦条約は、条約違反に対抗するための戦争を違法とは見なさない、ということが共通の理解とされたのです。

アメリカは、さらに踏みこんだ解釈をして、不戦条約の例外を広げました。たとえば、国際連盟規約にもとづいてとられる軍事措置など、不戦条約に先だって結ばれた国際約束にしたがってとる武力行使も、不戦条約で禁止した戦争には含まれず、したがって違法ではない、としたのです。

不戦条約は、戦争を違法とした最初の条約、と位置づけられています。しかし以上に見ましたように、厳密にいいますと、すべての戦争を違法にしたわけではありませんでした。

モンロー主義と自衛権

不戦条約に関するアメリカの提案に接したイギリスは、集団的自衛権の問題を考えるうえで興味深い問題を、アメリカにぶつけました。

イギリスは当時、世界帝国であり、本国以外の地域の紛争に軍事介入することに大きな利害をもっていました。そこでイギリスは、アメリカの提案に対し、イギリスの平和と安全にとって特別で決定的な利害を構成する地域の防衛に関しては、条約を適用しない、とする条件をつけて賛成したのです。

イギリスが示した条件を受けいれることは、アメリカにとってまったく問題ではありませんでした。アメリカは早くから、モンロー主義を対外政策の中心にすえていました。モンロー主義とは、アメリカが欧州大陸の問題に干渉・介入しないことを約束することとひきかえに、欧州諸国がアメリカ大陸への干渉・介入をおこなわないことを求めるものです。

モンロー主義は、もともとアメリカの対外政策の原則でした。しかしアメリカは、二〇世紀にはいると、この政策を自衛権とからめて主張するようになっていたのです。イギリスがいう特別な利害地域に相当するのは、アメリカにとっての中南米地域でした。

いうまでもなく、中南米はアメリカの領土ではありません。しかしアメリカは、中南米はアメリカにとって特別の地域であり、アメリカが中南米で武力行使をおこなうことは自衛の範囲内のこと、と主張していたのです。したがってアメリカがイギリスの条件を受けいれたのは、アメリカにしてみれば当然のことでした。

イギリスとアメリカの以上のやりとりは、本来法的な問題であるはずの自衛権問題がきわめて政治的に扱われることを、まざまざと示しています。自衛権の中身までが、最初の段階から、大国のつごう次第で簡単に左右されていたのです。

このことからも、いい悪いは別として、自衛権の問題を考えるときは、法的な側面とともに、政治的、歴史的な側面についても考える必要があることが理解されるでしょう。

アメリカとイギリスが、はじめから、自衛権を自分たちの勢力範囲にまでおよぼすことを考えていたことは、忘れるわけにはいきません。なぜならば、国連憲章で集団的自衛権を認めるうえでの素地が、すでに不戦条約の段階でできていたことを物語っているからです。

じつは日本も、日本の特殊権益の対象と考えていた中国大陸について、イギリスと同じ問題をかかえていました。不戦条約に関するアメリカの提案を受けて、日本もイギリスがおこなったような留保をすることを考えました。しかし、イギリスが先に問題にし、アメリカにも異論がなかったことを見て、留保をおこなわないことを決めたのです。

すこし、わき道にそれます。日本が柳条湖事件をおこした際、自衛の行動として正当化しようとしたことは、すでに述べました。それは、不戦条約をめぐる以上の経緯をふまえてのことだったのです。

日本の強硬な主張に対して、アメリカをはじめとする欧米諸国の対応は、はじめのうちはけっして歯切れがいいものではありませんでした。モンロー主義のアメリカ、大英帝国にしがみつくイギリスにとって、中国に対する侵略を自衛権の行使と主張する日本の立場を、簡単に無視することができなかったのです。

欧米諸国が日本批判で固まるのは、日本が上海《シャンハイ》を侵略し、中国に対する全面的な侵略が明らかになり、欧米諸国が中国でもっていた権益がおびやかされてからのことでした。このことも、自衛権の問題が、国際政治のなかで大国のつごう次第に動かされる現実があることを物語っています。

3　国際連合と集団的自衛権

第二次世界大戦の最中から、アメリカを中心とする連合諸国のあいだで、戦争が終わった後の国際関係をどのように再建するかについて、話し合いがおこなわれました。国際の平和と安全にかかわる問題を組織的に扱うため、失敗に終わった国際連盟に代わる組織をつくることについては、米英両国首脳が発表した大西洋憲章（一九四一年）のなかで、早くも合意されていたのです。

新しい国際組織をつくるという考え方は、米英ソ中四大国外相（中国は駐ソ大使）によるモスクワ会議（一九四三年一〇月）でハッキリとうちだされました。そしてダンバートン・オークス会議（四四年八月）、米英ソ三大国首脳によるヤルタ会議（四五年三月）をへて、サンフランシスコ会議（四五年四月）で最終的に国際連合を設立することとなったのです。

国連憲章の集団安全保障体制

国連憲章は、戦争の問題について、国際連盟規約と比較した場合はもちろん、不戦条約と比べても、より徹底した立場を明らかにしました。憲章は、加盟国が武力行使をつつしまなければならないという表現で、あらゆる武力行使を違法としたのです。戦争に関する憲章の徹底した立場は、「戦争」という用語すら使用しないことにも反映されています。

憲章は、いっさいの武力行使を違法としただけではありません。国際連盟の集団安全保障体制が日本、イタリア、ドイツに対して無力だった教訓は、深刻に受けとめられました。

憲章は、国連の目的の第一に「平和に対する脅威の防止及び除去と侵略行為その他の平和の破壊の鎮圧とのため有効な集団的措置をとる」(第一条一)ことを定めました。国連もまた、集団安全保障体制によって平和を破壊するものに対抗する立場を確認したのです。憲章は、連盟の失敗を繰り返さないため、集団安全保障体制をできるだけ強力かつ効果のあるものにする、さまざまな規定をおいています。

国連で国際の平和と安全の問題を扱う機関としては、総会と安全保障理事会(安保理)があります。しかし憲章は、すべての加盟国が参加する総会ではなく、かぎられた数の理事国によって構成され、したがって効率的かつ迅速に動くことができる安保理に、集団安全保障の任務を集中しているのです（第二四条一）。安保理がその任務を遂行しているあいだは、総会は口だしすることもつつしむことが定められました（第一二条一）。

国際の平和と安全に関する安保理の権限は、国際連盟の理事会よりも大幅に強化されることになりました。安保理は、「平和に対する脅威、平和の破壊又は侵略行為」があるかどうかを決定する権限を与えられました（第三九条）。「国際の平和及び安全を維持し又は回復するために」どのような措置をとる必要があるか、についても決定できます（同）。

さらに安保理は、とるべき措置の内容についても決定できるのです（同）。その内容は、すべての加盟国がしたがわなければならない「兵力の使用を伴わない」措置（第四一条）と、加盟国の同意と参加を条件とする兵力による軍事行動（第四二条）からなっています。

集団的措置の例外としての自衛権

国連憲章は、国際の平和と安全をそこなう憲章違反の侵略、武力行使などが発生した場合に、安保理がただちに有効な集団的措置をとることができない状況を考え、対応を用意しました。それが自衛権だったのです。

具体的には、侵略、武力攻撃に対して、一定の条件を満たすことを前提として、加盟国に自衛権を認めるのです（第五一条）。

憲章の当初の案文には、自衛権の規定は含まれていませんでした。自衛権の問題が議論になった直接のきっかけは、憲章がいっさいの武力行使を禁止するため、その例外を認める必要が感じられることになった、という事情があります。

すでに見ましたように、不戦条約のときは、自衛権は禁止されていない、とするアメリカの説明で、みんなが納得しました。しかし、いっさいの武力行使をつつしむと規定する憲章の場合、自衛権としての武力行使も含まれるのではないか、という懸念が、アメリカを中心に生まれたのです。そして、その懸念にこたえるものとして、自衛の権利を国連憲章でハッキリさせておく、という結論になりました。

憲章は、自衛権について、「個別的又は集団的自衛の固有の権利」としています。「集団的自衛権」という用語が登場したのは、国連憲章が最初です。しかも憲章は、本来の自衛権（個別的自衛権）だけではなく、集団的自衛権についても固有の権利としています。集団的自衛権について正しい認識をもつためには、この規定がおかれた背景事情を理解することが必要になります。その点については、項を改めてくわしく検討します。

その前に、戦争と自衛権に関する国連憲章の扱いが、国際連盟規約および不戦条約とどれほどの違いがあるかについて、整理しておきたいと思います。

戦争と自衛権――国際連盟規約および不戦条約との比較

戦争の扱いについて、国連憲章と国際連盟規約の違いは明らかです。

規約では、戦争そのものが否定されているわけではありませんでした。一定の条件のもとでは、加盟国は戦争にうったえることが認められていました。これに対して国連憲章では、加盟国によるあらゆる武力行使を禁止しています。戦争は違法なのです。

違反したものに対して集団安全保障体制で対処する、という基本的考えでは、憲章と規約のあいだで違いはありません。

ただし、規約では、国家による規約違反の戦争に対して、連盟も戦争によって対抗する、という立場でした。これに対して憲章は、安保理がとる軍事行動を「集団的措置」とし、憲章が違法にした武力行使とは区別して扱っています。

あらゆる武力行使を違法とした国連憲章の立場からすれば、安保理がとる集団的措置は、国際的な公的機関による国際法違反者に対する取り締まりといういわば警察的な性格のもの、と位置づけることができます。

国連憲章と不戦条約の比較ではどうでしょうか。

不戦条約では戦争を放棄するといい、国連憲章では武力行使をつつしまなければならないといっています。しかし、武力行使を含めたすべての戦争は違法、としている点では同じです。

ただし、不戦条約では、例外的に戦争をおこなうことを認めています。これに対して国連憲章は、例外を認めない点で、戦争を違法とする立場はより徹底している、といえます。

自衛権の扱いについてはどうでしょうか。

規約では、戦争そのものが違法とされていない結果、戦争を正当とするための特別な理由づけを考える必要は、それほど強くありませんでした。したがって、自衛権の問題が強く意識されることもなかった、といえます。

国連憲章では、戦争を違法とし、違反したものに対して軍事行動をとる権限を安保理に集中しました。しかし安保理は、違反したものに対してただちに有効な措置をとりうるとはかぎらない。そのあいだに、違反者が既成事実をつみかさねることになっては、とりかえしのつかない事態になりかねない。そこで国連憲章は、安保理が措置をとるまで、とかぎって、加盟国に自衛権を認めました。

自衛権について、国連憲章と不戦条約とではどうでしょうか。

不戦条約では、自衛権は国家の固有の権利であるからわざわざ規定するまでもない、とする立場をとりました。これに対して国連憲章は、固有の権利であることをわざわざことわりながら、自衛権を規定しています。

自衛権が固有の権利であるとするならば、不戦条約の立場のほうがすっきりしています。国連憲章がわざわざ自衛権の規定をもりこんだのは、次に述べるように、政治的な理由からでした。

大国の拒否権問題

国連憲章の作成に大きな影響力を発揮したアメリカのもともとの提案には、集団的自衛権はもとより、自衛権に関する規定すら含まれていませんでした。アメリカが自衛権の問題について真剣に考え、国連憲章にその規定をもりこむことに熱心になったのは、大国の拒否権問題をめぐって米ソの対立が誰の目にも明らかになった最終段階、具体的にはサンフランシスコ会議になってからのことでした。

国連をつくるうえで、アメリカが当初もっとも重視したのは、国際の平和と安全を任務とする安保理において、大国の結束と協調を維持する仕組みをつくることでした。アメリカは、大国の結束と協調は、大国一致の原則によって確保されると考えました。しかしアメリカは同時に、安保理によってアメリカの行動の自由が奪われないことにも、大きな関心をもっていました。

アメリカが国際連盟に加盟しなかった原因は、連盟によってアメリカの行動の自由が奪われるのではないか、とする警戒心が強まったことにありました。その教訓は、アメリカの交渉当事者の記憶に新しかった、といいます。アメリカはまた、西半球におけるアメリカの支配がおびやかされることにも、強い警戒の気持ちをもっていました。

大国一致原則とアメリカの行動の自由をともに確保しようとするのは、はじめから無理があります。アメリカが行動の自由を主張できることになれば、ほかの大国も同じ自由を主張することを認めることが必要になるからです。

アメリカは、大国一致原則と大国の行動の自由を確保するという要求を満足させるために、安保理における大国の拒否権を考えたのでした。

ちなみに、安保理における大国の拒否権とは、手続きにかかわる事項をのぞいて、安保理の決定には五大国（常任理事国）すべての賛成が必要とされること、をさしています。五大国のうちの一カ国でも反対すれば決定はできない、ということだから拒否権なのです。

アメリカの虫のいい考えについては、拒否権の範囲の問題をめぐって、アメリカとソ連のあいだに対立がおこりました。アメリカは、ソ連が拒否権を乱発することで、安保理の活動がマヒさせられることを警戒したのです。そのためアメリカは、拒否権にうったえることができる余地をせばめようとしました。

ソ連もまた、拒否権を熱心に支持しました。しかし、その理由は、アメリカとは正反対でした。

ソ連は、西側諸国との対立、そして、そのなかでソ連が孤立することを、しだいにおそれるようになっていました。ソ連は、安保理が西側諸国の道具となることを阻止したい、と考えたのです。拒否権はそのために欠かせないし、なるべく拒否権が使える範囲を広げておこうとしたのです。

結果的には、安保理は、長いあいだ、アメリカがおそれ、ソ連が考えたようになりました。米ソ冷戦のなかで、孤立したソ連が拒否権を行使するケースが増えました。安保理の機能はほとんどマヒしました。

集団的自衛権の規定とその意味

集団的自衛権を国連憲章にもりこむ直接のきっかけとなったのは、いわゆるチャプルテペック決議および、この決議にもとづいて中南米諸国が大国の拒否権に抵抗したことでした。

チャプルテペック決議とは、中南米諸国が採択したものです（一九四五年三月）。決議は、ある国家によるいずれかの国家に対する攻撃を、米州全体に対する侵略と見なします。そして、この侵略国に対して軍事的手段を含めた対抗措置を集団的にとることを定めました。

この決議については当時、中南米諸国がアメリカのモンロー主義を受けいれたもの、という積極的な評価がアメリカでおこなわれました。アメリカは、中南米諸国のこの動きを強く支持しました。

　国連憲章は、国連加盟国が地域的な取り決めや機関をつくり、国際の平和と安全にかかわる問題で地域的なものを扱うことを認めています。

　この関連で問題となったのは、憲章の原案では、地域的取り決めや地域的機関が軍事行動を含めた強制行動をとろうとするときは安保理の許可が必要、とされていることでした。たとえば、安保理でソ連が拒否権を使えば、地域的取り決めであるチャプルテペック決議が予定している軍事行動は、まったくとることができなくなってしまうことになっていたのです。

　アメリカは、チャプルテペック決議がソ連の拒否権によってそこなわれないため、さまざまな打開策を探しました。その結果浮かびあがってきたのが、集団的自衛権に関する規定を国連憲章にいれる、とする考え方だったのです。

　ここでの問題は、単に自衛権を認めればいい、ということではありませんでした。国家は、他国のためにあるいは他国に代わって武力行使をすることが認められる、と言いうる根拠を、憲章にもりこむことが必要とされたのです。

　そこで登場したのが、集団的に自衛を行使する権利、つまり集団的自衛権、という考え方でした。不戦条約の際のアメリカとイギリスのやりとりを思いだせば、アメリカが集団的自衛権を考えだしたことは、思いつきの産物ではないことが理解されます。

アメリカはもともと、中南米を支配するつもりでした。そのことを集団的自衛ということにすれば、聞こえがいい、ということだったのでしょう。

たしかに、集団的自衛権を生みだしたのは、中南米諸国の動きがきっかけでした。集団的自衛権は、中小国が大国の力で防衛するためのもの、という主張は、こうした歴史的な事情をふまえているつもりでしょう。

しかし、チャプルテペック決議そのものが、アメリカの強い支持のもとでつくられたことを無視できません。しかもアメリカは、ソ連との対決をふまえ、安保理の集団安全保障体制が機能しないことを見越して、国連の枠組みを離れて、武力行使することを考えるようになっていました。

集団的自衛権は、アメリカが「合法的」に軍事行動をとるための免罪符としてつくりだされたものです。ここでも、国際法が国際政治のつごうによって操作される典型的な事例を見ることができます。

国家には自衛権があるのか

集団的自衛権を含む自衛権の問題が国際的に議論されてきた経緯をふりかえるとき、私たちがなんとなく常識のように受けとめているいくつかの基本的なことについて、改めて考えなおしておく必要があると思います。

まず国家が自衛権、つまり自己を防衛する権利、をもっているという点についてです。

もう一度、カロライン号事件をふりかえってみます。イギリスもアメリカも、国家が自衛する権利をもっていることを、当然の前提として交渉していました。イギリスが自衛の行動と主張したことに対して、アメリカは異議をとなえませんでした。アメリカがイギリスに要求したのは、イギリスが自らの行動は自衛だったことを証明することでした。

国家が自衛権をもつのは当然、という考え方の基礎には、国内社会において個人に広く認められている正当防衛や緊急避難の権利が、国際社会において個人に相当する国家についても認められる、という考え方が横たわっています。

たとえば日本の刑法では、「急迫不正の侵害に対して、自己又は他人の権利を防衛するため、やむを得ずにした行為は、罰しない」（第三六条一）、「自己又は他人の生命、身体、自由又は財産に対する現在の危難を避けるため、やむを得ずにした行為は、これによって生じた害が避けようとした害の程度を超えなかった場合に限り、罰しない」（第三七条一）と定めています。

個人と同じように、国家についても、急迫不正の侵害がある、やむをえない（ほかに手段がない）、避けようとした害を超えない、という条件を満たす場合には、正当防衛あるいは自衛の行動として認められる、とする理由づけです。カロライン号事件のときのアメリカとイギリスのやりとりも、明らかに個人の正当防衛、緊急避難についての考え方を念頭においたものでした。

国家に自衛権があるのは当たり前ではないか、何をいまさら、という批判があるかもしれません。しかしこの点については、すくなくとも次のことを考えておく必要がある、と思うのです。

すでに見てきましたように、国家の自衛権という考え方は、戦争（武力行使）を禁止し、違法にする歴史的な流れのなかで、ことさらに強調されるようになった事実があります。このことをどう考えるべきでしょうか。

戦争を違法にする努力は、人道問題に対する国際的な関心の高まりを背景としています。際限なく非人道さを増す戦争をそのまま認めておくことはできない、とする国際的な危機感の高まりを反映しているのです。

しかし現実の国際社会は、あいかわらず国家を中心にしてなりたっています。国家のうえに立つものが出てこないかぎり、非人道的ではあっても、国家が自らを守る唯一の道である自衛の可能性を放棄するわけにはいかない、とされるのです。

人道的考慮を重視するか。それとも国際社会は国家によってなりたっているという現実を直視するか。簡単に答えを出すことができる話ではありません。

いまの私たちがふまえておく必要があるのは、自衛権の問題が出てきたのは、人類の歴史と密接に結びついている、ということです。つまり、歴史が変われば、自衛権についての考え方もさらに変わっていく可能性があるのです。

国家に自衛権があるのは当然であり、そのことについては議論の余地はない、などと思いこむことだけは、避けなければなりません。国内社会の歴史的な発展の例が示すように、国際社会がさらに人道的な考慮を重視する世の中になれば、あるいは国家間の紛争を処理する国際的な仕組みができるようになれば、自衛権についての考え方も変わる可能性は大いにあるのです。

平和で民主的な社会をつくることの必要性については、誰も反対しないでしょう。個人の暴力を取り締まることは、国内社会を民主的なものにするうえで、欠かせない課題です。国際社会も同じです。民主的な国際社会をつくりあげていくためには、国家の暴力（武力行使）を取り締まることが重要な課題になるのです。自衛権の問題については、つねにそういう視点を忘れてはならないと思うのです。

自衛権行使は戦争か

自衛権は、戦争（武力行使）ではあるけれども、例外として認められるものなのでしょうか。それとも、そもそも戦争と見なすことは適当ではない、のでしょうか。

不戦条約において、自衛権を条約が禁止する戦争の例外とすることを要求したフランスは、自衛のためであっても戦争、という判断に立っていたと思われます。

アメリカも、「自衛の（ための）戦争」ということにこだわりを感じていませんでした。フランスと同じように、自衛（のため）であっても、戦争は戦争、と考えていたと見られます。

国際社会における自衛権を、国内社会における正当防衛や緊急避難と本質的に同じものと考えれば、自衛権も戦争（武力行使）であることには変わりはない、という考え方になるでしょう。正当防衛や緊急避難の場合にも、本来は罰せられるべき実力行使（暴力）であるとしながら、一定の要件を満たせば特別に罰しないことにする、としているからです。

しかし、国内社会と国際社会のあいだには、大きな違いがあります。

国内社会では、犯罪者を罰する公的な仕組みがあります。個人が実力行使（自力救済）にうったえることが犯罪として罰せられないのは、よくよくの場合しか認められません。

これに対して国際社会では、国家のうえに立つ公的な機関はありません。国内社会では例外としてしか認められない自力救済が、国際社会では長いあいだ（すくなくとも国際連盟、国際連合の集団安全保障体制が制度として現れるまで）、国家にとって唯一の手段でした。

しかし国連の集団安全保障体制も、第三章で述べるように、形としてはともかく実際には機能しにくいですから、自力救済としての自衛権行使の重みが弱められた、とはいえません。したがって、国内社会における正当防衛や緊急避難と、国際社会の自衛権をまったく同じ次元で考えることには、たしかに無理があります。

また、国際紛争を解決する手段であるか、あくまで自衛のためのやむをえない実力行使であるか、に着目して区別する考え方もありえます。この考え方に立てば、戦争（武力行使）と自衛権は別なもの、とする主張が出てきます（日本国内の議論については第四章参照）。

ただし、以上のいずれの考え方にしても、いまある国際社会（国家のうえに立つものがない社会）を前提にしていることには、変わりはありません。事情が変われば、このような前提そのものが変わる可能性があります。そうなれば、自衛権を、戦争の例外として考えるのか、それとも、もともと戦争として考えることは適当ではないと考えるのか、という問題意識自体が意味を失う可能性もあります。

自衛権の問題は、やはり、法律的にだけではなく、政治的、歴史的にも考えなければならないのです。

集団的自衛権はありうるのか

集団的自衛権について、これまで述べたことを整理しますと、次のようになります。

国連憲章はもともと、第二次世界大戦で協力した大国間の協調体制が続くことを前提にして考えられていました。しかし、国連憲章ができあがる過程で、米ソの対立は深まり、抜きさしならないものになっていきました。

こうした事情の変化をふまえてアメリカは、憲章違反を問われることなく、そしてソ連の拒否権にふりまわされないで、自由に行動する権利を確保する道を探しました。その結果が、個別的自衛権とともに集団的自衛権を、国家に固有の権利として憲章に書きこむことでした。

もともとモンロー主義は、アメリカが西半球を支配する政策でした。しかし、アメリカはしだいに、西半球において行動する自由が自衛権に含まれる、と主張するようになりました。その主張は、特殊な利害をもつ地域に対する行動の自由を確保したかったイギリス、日本などによって受けいれられました。

そこで、国家に固有な権利、と主張される集団的自衛権について、根本的な疑問が生まれます。つまり、自衛権は大国が特殊な利害地域に対して自由に行動する権利を含む、ということについて国際的な合意が仮にあったとしたならば、アメリカは、憲章に集団的自衛権などという考え方をもちこむ必要などなかったはずなのです。

しかしアメリカは、書きこむことにこだわりました。それは、不戦条約に際してとったアメリカの解釈が、国際的に確立しているとはいえないことを、アメリカも認めていたからではないでしょうか。

そもそもアメリカの主張には、大きな無理があります。アメリカの政策にすぎないものを、国際法上の権利として主張することはおかしいわけです。

しかもその政策の中身は、アメリカの西半球（中南米諸国）に対する支配です。これは、国連憲章で確認された、主権国家の対等平等性、という国際法の大原則からいって、とうてい認められるものではありません。

すでに述べましたように、自衛権自体が、国家が戦争する可能性を確保する必要が感じられる歴史的な状況のもとにおける、すぐれて政治的考慮にもとづく産物という性格をもっていました。まして集団的自衛権については、個別の自衛権（つまり本来の自衛権）以上に、国家に固有の法的な権利ということには無理があることをしっかり確認しておきたいと思います。

第三章　国連と戦争

——国連は国際の平和と安全を維持できるか

ここで国連について考える意味は、大きくいって二つあります。

一つは、日本人が国連についてもっているイメージと実像とのあいだには、大きなギャップがあることです。そのギャップが正確に理解されないために、国連は、日本政治のなかでもてあそばれてきた感じがあります。

戦後長いあいだ、多くの日本人が国連についてもつイメージは、大国の権力政治に対抗する国際平和の担い手、ということであったと思います。

日米安保条約を中心とする「力による平和」の立場の保守政治を批判する人々は、反戦平和の日本を願い、「力によらない平和」の立場に立ってきました。そういう人々は、憲法の平和主義を国際的に実践するという意味をこめて、国連中心主義の外交をうったえたのです。

その国連が、一九九〇年の湾岸危機以来、国際紛争の軍事的解決に身をのりだすようになりました。「力による平和」です。

反戦平和の立場に立つ人々は、国連が急に軍事行動に積極的になって、当惑してしまいました。反戦と平和を結びつけるシンボルのはずの国連が、「力による平和」の立場に移ってしまった、と思われたからです。

保守政治は、軍事行動に積極的になった国連を歓迎しました。「力による平和」をめざす国連は、保守政治が積極的に協力できる存在でした。保守政治は、軍事的国際貢献論を積極的にとなえ、自らが国連中心主義をかかげることになったのです。

九・一一事件を受けて小泉内閣が成立を強行したテロ対策特別措置法の際にも、「国連憲章の目的の達成に寄与する諸外国の軍隊等の活動に対して我が国が実施する措置」などとして、国連を利用する手法が繰り返されました。

日本人が国連について正確な認識をもっていたのであれば、このようなことはおこらなかったでしょう。また、日本人の国連についての認識があやふやなものにとどまるかぎり、今後も国連と日本の関係のあり方をめぐって、日本の政治が混乱することは避けられない、と思われます。

遅きに失した感はありますが、日本人の国連についてのイメージとその実像とのあいだのギャップを、一日も早く正す必要がある、と確信します。

国連について考える必要があるもう一つの理由は、集団的自衛権の問題が日本の政治でますます重要になっている、ということです。国連を実態に即して考えることが当たり前ではない日本では、国連憲章が集団的自衛権を認めている事実があるだけで、そこで議論がとまってしまいます。

しかし、国連憲章が集団的自衛権に関する規定をおいたのは、第二章で述べたように、当時の国際政治状況が強く働いていました。集団的自衛権はすぐれて国際政治の産物であり、そういうものとして見ることが必要なのです。

とくに日本では、アメリカの世界戦略に全面的に協力しようとする動きが強まっています。そこでカギとなるのは、日本が集団的自衛権の行使に踏みこむという問題です。

この問題について、誤りない判断力を身につけるためにも、国連憲章の平和と安全に関する考え方、取り組みの仕組みと実際、全体の枠組みのなかにおける集団的自衛権のあるがままの姿などについて、ハッキリした理解を得ておく必要があります。

なお、国連の軍事的な取り組みについては、集団安全保障体制と自衛権の問題のほかに、地域的取り決めという仕組みが憲章でもうけられています。

地域的取り決めは、現実に世界各地で動いています。しかし、アジアではまだ具体的になっていませんし、近い将来に具体化する見とおしもとぼしいのが実情です。したがって、ここでは扱わないことにします。

1　国連憲章における国際の平和と安全

国連は、国際の平和と安全についてどのような立場・考え方に立っているのでしょうか。そのことを理解するうえでは、国連憲章がつくられた歴史と、憲章の前文、第一条第一項および第二条の規定を見ることが必要です。

前文は、連合国の人民が次のことを決意した、と述べます。

「二度まで言語に絶する悲哀を人類に与えた戦争の惨害から将来の世代を救（うこと）」（第一段）

「寛容を実行し、且つ、善良な隣人として互に平和に生活（すること）」（第五段）

「国際の平和及び安全を維持するためにわれらの力を合わせ（ること）」（第六段）

「共同の利益の場合を除く外は武力を用いないことを原則の受諾と方法の設定によって確保（すること）」（第七段）

第一条は、国際連合の目的を定めます。その第一項は、次のとおり定めています。

国連憲章における平和

「国際の平和及び安全を維持すること。そのために、平和に対する脅威の防止及び除去と侵略行為その他の平和の破壊の鎮圧とのため有効な集団的措置をとること並びに平和を破壊するに至る虞（おそれ）のある国際的の紛争又は事態の調整又は解決を平和的手段によって且つ正義及び国際法の原則に従って実現すること」

第二条は、国連の以上の目的を実現するにあたって、国連加盟国がしたがうべき原則を定めます。国際の平和と安全（安全保障）に直接かかわるものは、第三項から第五項までです。

「すべての加盟国は、その国際紛争を平和的手段によって国際の平和及び安全並びに正義を危くしないように解決しなければならない」（第三項）

「すべての加盟国は、その国際関係において、武力による威嚇又は武力の行使を、いかなる国の領土保全又は政治的独立に対するものも、また、国際連合の目的と両立しない他のいかなる方法によるものも慎まなければならない」（第四項）

「すべての加盟国は、国際連合がこの憲章に従ってとるいかなる行動についても国際連合にあらゆる援助を与え、且つ、国際連合の防止行動又は強制行動の対象となっているいかなる国に対しても援助の供与を慎まなければならない」（第五項）

国連憲章は、国際の平和についてどのような考え方に立っているのでしょうか。日本人にとって身近な表現を使えば、「力によらない平和」をめざすのか、それとも「力による平和」をめざしているのか、という問題です。

まず、国連がつくられた歴史から分かることは何でしょうか。

国連はアメリカによってつくられた、といってもいいすぎではありません。アメリカは、日本、イタリアおよびドイツの侵略戦争に対して、国際連盟が無力だったことを重く見ました。そして、国際の平和を守る、もっと強力な国際機関をつくろうと早くから動きました。

アメリカが考えたのは、つくられることになる国際機関で、大国が協力して国際の平和を維持するということであり、平和を破壊するものが現れたときは大国が結束して対抗する、ということでした。アメリカの考え方は、典型的な「力による平和」の発想でした。アメリカが早くから相談をもちかけたイギリスとソ連は、アメリカの考え方を受けいれました。

憲章を交渉する過程では、中小国も、大国に対抗して活発に主張しました。それらの主張は、国連憲章にある程度はもりこまれました。しかし基本的には、アメリカをはじめとする大国の主張がとおりました。国連憲章を検討するとき、さまざまな主張・立場をもりこんだ妥協の産物であること、しかし大筋では大国の主張がとおったこと、この事実を無視することはできません。国連憲章は、基本的に「力による平和」の考え方にもとづいています。

ただし、国連憲章は、第二次世界大戦に勝利した民主主義諸国によってつくられました。権力政治そのものの「力による平和」をめざしたわけではないのです。

戦争を指導したアメリカのルーズベルト大統領は、国連が人権・民主主義の国際的な砦《とりで》として動くことにも、強い関心をもっていました。国際的に人権・民主主義の力を強めることが国際の平和を保障することにもつながる、と考えたのです。国連憲章は、「人権・民主主義に裏打ちされた平和」という考え方にも立っているのです。

　こうした背景をふまえて、憲章の前文と第一条第一項は、国連がめざす平和について、具体的に明らかにしています。

　前文は冒頭で、二〇世紀に二度にわたる世界大戦をひきおこしてしまったことを反省し、ふたたびこのような惨禍を繰り返してはならない、という決意を明らかにしています。戦争を二度と繰り返さない、とする反省と決意を疑う理由はありません。

　ちなみにこの反省は、第二次世界大戦で侵略者だった日本が、ほかの国々以上に強く感じて当然のものでした。憲法前文が、「政府の行為によつて再び戦争の惨禍が起ることのないやうにすることを決意」すると述べているのは、その表れにほかなりません。

　戦争に対する反省と二度と戦争を繰り返さない決意において、日本国憲法と国連憲章がめざす平和に対する姿勢において違いはないのです。

また憲章の前文は、国際社会が平和な生活を実現するためには、寛容と善良な隣人関係が大切であることを指摘しています。

不寛容と対立こそが、二度にわたる大戦をまねいた根本の原因でした。不寛容と対立は、権力政治の産物でもあります。寛容と善良な隣人関係にもとづく国際社会を実現するために、憲章は、経済・社会・文化・人権などの分野での活動を重視することになりました。国際的に人権・民主主義の基盤を強化することが、国際の平和を確実なものにすると考えたのです。国際的平和な国際環境の創造と権力政治の克服をめざす憲章の姿勢は、基本的に権力政治の枠組みのなかでつくられた国際連盟規約と比べて、大きな前進でした。

ただし憲章は、国際の平和について手放しで楽観する立場には立っていません。

前文では、国際の平和を維持するためには諸国民が力をあわせることが必要だ、という認識が表明されました。ここには、諸国民による「力による平和」の思想と、「人権・民主主義に裏打ちされた平和」の思想が、いわば、とけあっています。それを具体化する集団安全保障体制、となるはずでした。憲章前文が、諸国民による集団安全保障の構想をうちだした歴史的な意義は、大きいものがあります。

ただし、憲章の「力による平和」の思想は、じつは一貫したものではありません。

憲章の前文が考えたのは、諸国民の力をあわせるという意味での「力による平和」でした。

しかし、憲章の本文では、国家、とくに大国、の力をあわせるという意味での、昔ながらの「力の平和」にすりかえられてしまっています。

憲章が平和について一貫していないのは、憲章が国際交渉の妥協の産物だったことの反映です。また、第二次世界大戦で協力していたアメリカとソ連が、しだいに対立と相互不信におちいっていったことも、大きく影響しました。

私たちは、以上の事実を冷静かつ正確にふまえる必要があるでしょう。

私たちは、平和の問題について、国連まかせにすることはできないのです。ましてや、国連がすることはなんでも支持しなければならない、などという主張にまどわされてはならないのです。

重要なことは、私たちの平和に関する認識を正確なものにすることとです。それは、私たちの主体的な認識を確立することによって、はじめて可能になります。そのことは、とりもなおさず、日本国憲法の平和の思想を、私たちがどう受けとめるか、ということです（くわしくは第四章で述べます）。

私たちは、平和についての主体的な認識を確立することにより、平和に関する国連の行動に対しても、しっかりした判断能力をもつことになります。そうすれば、国連をめぐって日本の政治が混乱する、などということもなくなることを期待できるはずです。

国連憲章における安全——集団安全保障

国連憲章第一条は、国連の最大の目的が国際の平和と安全を維持することである、と定めています。そして、侵略などの平和を破壊する動きを鎮圧するために、国連は集団的措置をとるとし、必要であれば自ら軍事力で鎮圧する決意でのぞむことを明らかにします。

国連がとる措置は、「集団的措置」とされています。この用語は憲章のなかで一度だけ使われています。この用語は、国連がつくることになっている安全保障体制の本質を表すものです。国連の集団安全保障体制の考え方と仕組みについては、項を改めて説明します。ここでは、集団安全保障体制の本質を考えておきます。

集団安全保障という考え方は、国連憲章ではじめて現れた、というわけではありません。国際連盟でも採用されたことは、すでに述べました。この考え方は、それ以前から、バランス・オブ・パワー（勢力均衡）に代わるものとして、主張されてきました。

勢力均衡の基本的考え方は、次のようなものです。

すなわち、対立する国家と国家、あるいは対立するいくつかの国家のあいだで力の均衡を実現します。そうすることによって、どの国家も相手を攻撃できない状態をつくりだし、戦争がおこらないようにする、ということです。勢力均衡の場合、国家間に対立があることを当たり前のこととして認めます。戦争がおこるのは、その対立で力関係が崩れる場合である、と考えるのです。したがって、その対立が均衡を失わないようにすれば、平和を維持し、戦争がおこらないようにすることができる、と考えるのです。

集団安全保障の基本的な考え方はどうでしょうか。第二章ですでに説明しましたが、もう一度確認しましょう。

多数の国家が、互いに武力を行使しないことを約束します。その約束に違反して侵略などの武力行使をする国家が現れたときには、この約束に加わっている国々は、約束を破った国家に集団で対処し、その違反行為をやめさせる、というものです。集団安全保障の考え方が勢力均衡と異なるのは、国家間の対立があることを前提にするのではない、というところにあります。みんながしたがうべきルールをつくって、違反者が出ないようにみんなで注意しあう。違反者が出てしまった場合にはみんなで対処する。そういう考え方に立っているのです。

集団安全保障体制がその目的を実現するためには、その集団のメンバーである国家は、定められたルールにしたがい、その目的が実現されるように協力しなければなりません。

憲章第二条は、国連の加盟国がしたがうべき基本的なルールを定めています。そのルールとは、国際紛争を平和的手段で解決すること、武力行使をつつしむこと、国連がとる行動（集団的措置）には積極的に協力すること、などです。

2　平和と安全に対する国連の軍事的な取り組み

国際の平和と安全を維持するための国連の取り組みは、軍事面にかぎられるわけではありません。

国連は、経済・社会・文化・人権など各分野での取り組みに力をいれることを重要な目的としています。また、国際紛争がおこった場合には、平和的に解決するために最大限の努力をおこなうことになっています。それで問題が解決しない場合でも、国連は、いきなり軍事的な解決にうったえるわけではありません。軍事以外の方法によって、問題解決に努めることになっています。

国連憲章においては、軍事的な取り組みは最後の手段、という位置づけです。憲章が理想とするのは、紛争を予防し、平和を維持することです。

「集団安全保障は、不測の事態にそなえて必要ではあるが、その発動は失敗の告白となる」と指摘するものがあります。そのとおりです。

以上の点をふまえたうえで、国連の軍事的な取り組みについて考えます。

国連の集団安全保障体制

国連において、国際の平和と安全を維持する責任は、安全保障理事会が負うことが定められています。

安全保障理事会（安保理）では、五大国（アメリカ・イギリス・フランス・ロシア・中国）がつねに席を占める（常任理事国）ことになっています。つねに席を占めるだけではなく、安保理の決定は、五大国のうちの一国でも反対すれば成立しないこととされています（大国の拒否権）。

大国のこのような地位と権利は、大国が国際の平和と安全について特別の利害、関心および責任をもっているという理由で認められました。

憲章前文は、諸国民の安全保障をうたいました。しかし憲章本文が定めた国連の安全保障体制は、アメリカを中心とする大国の意思によって支配されることになりました。

国連の集団安全保障体制の仕組みについては、憲章の第七章が扱っています。

安保理は、「平和に対する脅威、平和の破壊又は侵略行為の存在」を決定します（第三九条）。そして、「国際の平和及び安全を維持し又は回復するため」の措置を決定します（同）。

決定される措置としては、まず何よりも「兵力の使用を伴わない」ものが優先します（第四一条）。安保理は、その措置が「不充分であろうと認め、又は不充分なことが判明した」と認めたときに、はじめて軍事行動をとるとしているのです（第四二条）。

安保理の軍事行動は、自らがとる場合と加盟国による場合とがあります（第四二条）。安保理が自ら軍事行動をとる場合に関しては、憲章はさらにくわしい規定をおいています（第四三条以下）。

たとえば安保理は、軍事行動をとる事態にそなえるため、あらかじめ加盟国と協定を結ぶことが予定されています。

その協定では、加盟国が安保理に提供する兵力などに関して定めることになっています。安保理の軍事行動に助言と援助を与えるために、安保理常任理事国の参謀長などで構成する軍事参謀委員会がもうけられます。兵力の使用計画については、軍事参謀委員会の援助を得て、安保理が作成する、などなど。

ここで、一つしっかり認識しておきたいことがあります。日本では、安保理が決定したことについては、国連加盟国はしたがうのが当然だ、という受けとめ方がとおってしまう雰囲気があります。しかし、これは非常に不正確な理解です。

たしかに加盟国は、安保理の決定を「受諾し且つ履行することに同意する」ことになっています（第二五条）。安保理が決定する非軍事的な措置については、加盟国は、例外なく受けいれ、実施しなければなりません。

しかし、安保理が決定する軍事行動についてはそうではありません。

すでに述べましたように、安保理と加盟国のあいだでは、あらかじめ兵力の提供などについて協定で定めることになっています。この協定について憲章は、「署名国によって各自の憲法上の手続に従って批准されなければならない」と定めているのです（第四三条三）。

つまり、加盟国は憲法に反する協定を安保理と結ぶことは義務づけられていない、ということです。

この規定は、アメリカの主張によって入れられた、といわれます。アメリカでは、憲法によって、戦争に関する権限は議会に属します。議会は、その権限が侵されることに、一貫して神経質です。安保理に兵力を提供する協定を、アメリカ政府が議会の意向を無視して結ぶことはない、という点をハッキリさせるためのものだった、ということなのです。

私たちがしっかり認識しておく必要があるのは、この規定は日本についてもそっくり当てはまる、ということです。つまり憲法第九条をもつ日本は、安保理に兵力を提供する協定を結ぶことを考えるまでもないのです。

重要なことは、国連憲章が加盟国の憲法を尊重する立場を明確にしていることです。したがって、安保理の軍事行動にかかわる決定は、日本をなんら義務づけるものではありません。

実際にも、安保理がおこなった決定で加盟国を拘束するものは、非軍事の行動にかかわるものをのぞけば、ありません。それにもかかわらず、日本国内で、国連（安保理）が決めたことにはしたがうのが当然、という主張が、あたかも当たり前のように流されています。これは、本当に異常なことなのです。

機能しない集団安全保障体制

前に述べましたように、国連の集団安全保障体制は、大国の協力が得られることを前提にしてつくられました。しかしこの前提は、早くから崩れてしまいました。

第二次世界大戦をともに戦ったアメリカとソ連が、決定的に対立したことが原因です。その結果、安保理は、有効に活動することはできませんでした。そのため、安保理の集団安全保障体制は、憲章が予定した形で活動する機会は、はじめからなかったのです。

米ソ冷戦が終わってからは、アメリカが自己主張することを強めた結果、やはり憲章の予定した集団安全保障の仕組みが機能することがさまたげられてきました。

国連の集団安全保障体制の現状については、批判が絶えません。

大国が安保理を支配する仕組みが続くかぎり、いつまでたっても有効に活動することはできないのではないか。もっと具体的には、安保理における大国の特権的地位を認めるべきではない。あるいは、安保理の活動について大国一致の原則（その裏返しとしての拒否権）を改めるべきだ、という主張があります。

たしかにこういう主張は、安全保障体制の本来あるべき姿は何か、という問題を考えるうえで、あるいは国連の安全保障体制の根本問題を指摘しているという点で、重要な意味をもっています。

しかしこういう主張は、大国が受けいれないかぎり、まったく実現される可能性はありません。なぜならば、安保理における大国の特権的地位、とくに拒否権については、国連憲章を改正しなければ変更できないからです。

憲章の改正は、すべての常任理事国を含む国連加盟国の三分の二が受けいれないと、成立しないことになっています（第一〇八条）。五大国が自らの特権にしがみつく姿勢は、いつの日か改められることはあるかもしれません。しかし、残念なことではありますが、それは遠い将来のことでしょう。

米ソ冷戦が終わってから、大国一致の原則が息を吹きかえし、安保理の活動は活性化しつつある、という見方もあります。

たしかに湾岸戦争に際しては、安保理で五大国が一致した行動をとりました。カンボジア和平のときにも、五大国の足なみは乱れませんでした。

安保理において、大国一致の原則が問題によっては機能するようになったことはたしかです。しかしだからといって、国連の集団安全保障体制が、憲章の予定した形で自動的に動きだすということにはなりません。

遺憾なことですが、アメリカには、安保理に軍事面での指揮権をゆずる気持ちは、まったくありません。アメリカがこの気持ちを変えないかぎり、国連の安全保障体制が、憲章の予定した形で活性化することは不可能です。

国際の平和と安全を維持することを考えるうえで、国連の集団安全保障体制を活性化させるためのたしかな道筋をつけることはむずかしい、というほかありません。そのことが可能になるための大前提は、いまも述べたように、大国とくにアメリカの国連に対する認識と政策が変わることです。その前提が満たされる可能性が生まれないかぎり、国連の集団安全保障体制は、国際の平和と安全を維持する答えとはならない、ということです。このことを、私たちはハッキリ認識してかかる必要があります。

国連の平和維持活動（ＰＫＯ）

国連自身による軍事的な取り組みは、国連憲章が予定しているものとしては、以上の安保理を中心にした集団安全保障体制だけです。しかし現実の必要にせまられてつくりだされた軍事的な取り組みがあります。それは、いわゆる平和維持活動（ＰＫＯ）です。

憲章が予定した集団安全保障体制が機能するかどうかに関係なく、地域紛争はおこります。おこってしまう地域紛争に際して、大国が直接介入する場合には、国連の出番はないかもしれません。しかし多くの紛争についてそうであったように、大国がなんらかの理由で自重することもあります。そうなると、国連が手をこまねいているわけにはいかない、ということになります。

紛争を停戦にみちびき、解決するのは外交の役割です。しかし、いったんそうして成立した停戦も、放置すればすぐこわれてしまうでしょう。また、紛争を解決するための外交交渉は、時間がかかるものです。外交交渉ができるようにするためには、停戦をなるべく長いあいだ維持することが重要になります。

発生した地域紛争の停戦の維持を助け、対立する当事者のあいだに緩衝帯をつくって、戦争が再発しないようにする。そういう考え方にもとづいて組織されたのが、ＰＫＯでした。

平和維持の本質は、停戦を維持することにあります。紛争当事者が停戦を守る気持ちになるためには、ＰＫＯは、すべての当事者に対して公平で、中立的な第三者の立場をつらぬかなければなりません。いずれか一方をひいきするようでは、他方がＰＫＯを信用するわけはないからです。

ＰＫＯの中心は、国連の軍事的な取り組みです。ＰＫＯには、停戦を監視することを主な任務とする監視団と、より積極的に紛争当事者のあいだに割ってはいって、合意された停戦が保たれるように活動することを任務とする平和維持軍（ＰＫＦ）とがあります。

停戦維持は軍事活動です。停戦維持の役割をはたすためには、軍事専門家すなわち軍人が担当することが要求されます。監視団の場合は丸腰ですが、ＰＫＦは、停戦が破れ、ＰＫＦ自体が軍事衝突にまきこまれる場合にそなえて武装することになっています。

ＰＫＯは、主に次の点で、集団安全保障とは異なる軍事的取り組みです。

第一、集団安全保障体制は、国際の平和に対する脅威、破壊、侵略に対処することが予定されています。これに対してＰＫＯは、地域紛争に取り組むものです。

国連憲章では、紛争の段階にとどまっている問題については、軍事解決ではなく、平和解決をめざすことになっているのです。つまりＰＫＯは、紛争の平和的解決の一環としての軍事的取り組み、という性格づけなのです。

第二、集団安全保障体制が機能する根拠については、国連憲章に明確な規定があります。しかしＰＫＯについては、憲章に明確な根拠がありません。ＰＫＯが行動する根拠は、安保理（または総会）の決議です。

第三、集団安全保障体制では、侵略行為を排除するなど、積極的な軍事行動をとることが予定されています。しかしＰＫＯは、紛争の一方に有利になる行動はつつしむことになっています。武力行使は自衛のためにだけ、とかぎられているのです。

つまり、集団安全保障体制は、自らの軍事行動によって平和維持・回復をめざします。これに対してＰＫＯは、平和維持・回復のための条件・環境づくりに徹するのです。

第四、集団安全保障体制において、中心的な役割をはたすのは安保理、ということになっています。これに対してＰＫＯは、安保理（または総会）によって権限を与えられる事務総長の指揮のもとで行動することになっています。

第五、集団安全保障体制では、国連軍は基本として、安保理と加盟国の特別協定にもとづいて組織されることになっています。しかしＰＫＯでは、事務総長が各国に打診し、その打診に応じる国家の自発的な提供に頼っています。

ＰＫＯに対しては、さまざまな批判があります。しかしＰＫＯの実績は、総じていえば、高く評価されている、といっていいでしょう。

国際社会から地域紛争がなくならないかぎり、ＰＫＯが必要とされる状況も続く、と判断されます。実際の必要から生みだされたＰＫＯは、国連の軍事的な取り組みとしての地位を確立しているのです。

国際の平和と安全について、私たちは、ともすると、国連に多くのことを期待しがちです。しかし、安全保障体制が機能する見こみが立たない状況をふまえるかぎり、そして、地域紛争が大国の意思のままに動かされることは望ましくないことを考えるならば、ＰＫＯという地道な活動には、もっと大きな評価が与えられるべきではないでしょうか。

国連の軍事機能強化の動きと挫折

米ソ冷戦が終わったことを受けて、安保理でアメリカを中心とする大国一致の原則が息を吹きかえしました。そのとき、大国を中心にして、国連の軍事面での取り組みを強化することを求める声があがりました（一九九二年の安保理サミット）。

それに応えて、当時の事務総長ブトロス・ガリは、「平和への課題」と題する報告を出しました。

報告は、国連の軍事機能を強化するため、二つの提案をおこないました。ちなみに報告は、アメリカが関心を示さない国連の集団安全保障体制については、積極的な提案をおこないませんでした。

報告の提案で注目されたのは、一つは予防展開であり、もう一つは平和強制でした。

予防展開とは、紛争が武力衝突に発展する危険性がある地域に、国連が組織した軍事力を配置して、衝突を未然に予防する、ということです。また平和強制とは、紛争当事者が問題解決に応じない場合には、国連が組織する軍事力を使ってでも問題解決を強制する、というものです。

予防展開に関する提案には、重大な問題がありました。

予防展開部隊は、ほかの国家による脅威を感じている国家の要請があれば、出動できることになっています。あるいは、ある国家で内乱がおこった場合に、中央政府の要請があれば、出動することを考えていました。

ということは、国連は、最初から紛争当事者の一方の側（要請国または中央政府）に立つことになります。つまり予防展開では、他の一方（要請国が脅威と感じている国家または中央政府と対立する勢力）に敵対することを、最初から考えているのです。

予防展開だから、軍事衝突を予防することに目的がある、というきれいごとですむあいだは、問題が表面化することは避けられます。しかし、予防できず、戦争がおこってしまった場合はどうでしょうか。国連は自動的に一方の側に立って、他方に敵対することになるのです。そのような軍事行動は、国連憲章が定めた、国際の平和と維持についての基本的な立場とはあいいれませんし、集団安全保障体制の根本からも大きく離れています。

平和強制もまた、国連憲章の趣旨から大きくはずれています。

憲章は、紛争については平和的な手段で解決することを、ハッキリうちだしています。しかし報告は、当事者が紛争の解決に応じないときは、軍事行動を辞さない、とするのです。国連の軍事行動は、国際の平和と安全を維持するために必要不可欠の場合にかぎられるはずです。報告の考え方は、憲章のよって立つ土台そのものを崩しているのです。

予防展開と平和強制には、もう一つ根本的な問題があります。国連が軍事力を組織するにあたって、ＰＫＦを組織する手続きをそのまま利用することになっているのです。

しかし、ＰＫＦと予防展開部隊および平和強制部隊とでは、本質がまったく違います。ＰＫＦは、紛争当事者に対して中立で、第三者としての立場をつらぬく。自衛のため以外には軍事力を使ってはいけない。だからこそ、ＰＫＯに参加する国家は、自発的に軍事力を提供することになっているのです。

しかし、予防展開部隊と平和強制部隊はそうではありません。一方の側に立って軍事力を行使するのです。

これは、集団安全保障体制のもとで組織されることになっている国連軍の軍事行動をも、はるかに超えています。国連軍については、安保理と加盟国が協定をつくることになっていました。その協定をつくるかどうかは、加盟国の憲法にしたがうことが定められていました。ところが報告は、予防展開と平和強制の部隊を組織するにあたって、ＰＫＦと同じ手続きによる、としているのです。

予防展開は、一九九五年にマケドニアの要請で実行に移されました。マケドニアは、ユーゴスラヴィアの侵略をおそれたのですが、そういうことにはなりませんでした。しかし、マケドニアからの分離独立を要求するアルバニア系少数民族との内戦がおこって、予防展開部隊は内戦にまきこまれてしまいました。予防展開の目的は、はやばやと破たんしたのです。

平和強制についても同様です。最初の平和強制部隊は、一九九二年にソマリア内戦を収拾するために組織されました。しかし、各国の寄せ集め部隊にしかすぎない平和強制部隊は、平和を強制するどころではなく、抵抗に直面して、撤退を強いられました。平和強制部隊に参加して挫折したアメリカは、国連には大規模な軍事行動をとる能力はない、とはやばやと見切りをつけました。

こうして、国連の軍事的な取り組みを強化しようとする試みは、一区切りがつけられた形になっています。国連には、本格的な軍事行動を組織し、実行に移し、指揮命令する能力がそなわっていないことが、事実によって明らかになったのです。

アメリカをはじめとする大国は、この事実をふまえ、国連の軍事機能を強化することに対する関心を失いました。

3　国連と自衛権

国連憲章は、集団安全保障体制について定めた第七章の最後に、自衛権についての規定をおいています（第五一条）。集団的自衛権について定める国際法の規定としては、唯一のものです。

内容は、次のとおりです。長いですが、重要なものですから、全文を紹介します。

「この憲章のいかなる規定も、国際連合加盟国に対して武力攻撃が発生した場合には、安全保障理事会が国際の平和及び安全の維持に必要な措置をとるまでの間、個別的又は集団的自衛の固有の権利を害するものではない。この自衛権の行使に当って加盟国がとった措置は、直ちに安全保障理事会に報告しなければならない。また、この措置は、安全保障理事会が国際の平和及び安全の維持又は回復のために必要と認める行動をいつでもとるこの憲章に基く権能及び責任に対しては、いかなる影響も及ぼすものではない」

国連憲章にもとづく自衛権

この規定は、国連の集団安全保障体制が機能しないという事実をふまえて、実際に意味を失っている部分をとりのぞきますと、もっと分かりやすい内容となります。

つまり、「安全保障理事会が（中略）…必要な措置をとるまでの間」という制約は、事実上働きませんから、考慮しません。それから、「また」ではじまる後半の規定も、実質的な意味をもつことがありません。

したがって、第五一条の規定で意味があるのは、次の二点、ということになります。

一つは、加盟国に武力攻撃がおこった場合には、個別的自衛権と集団的自衛権を行使することができる、ということです（「又は」とありますが、どちらか一方の権利しかない、という意味ではありません）。もう一つは、加盟国は、自衛権にもとづいてとった措置をただちに安保理に報告する義務を負う、ということです。

しかし、安保理に報告する義務も中身があることではありません。報告を受けた安保理が、何かをするということにはならないのですから。

となりますと、第五一条が実際に意味をもっているのは、国連加盟国である国家には、個別的および集団的自衛権がある、ということに尽きてしまうということになります。

加盟国に対する武力攻撃は、主権国家の主権を侵す侵略です。侵略に対しては、自衛権にかぎって対抗することを認める、というのが第五一条の趣旨です。第二章で触れた、自衛権を行使するにあたっての国際法上の要件は、そのままあてはまります。

ちなみに、九・一一事件がおきた直後に安保理が採択した決議一三六八には、加盟国に個別的および集団的自衛権があることを確認する文言がはいっていました。

アメリカがアフガニスタンに対する武力行使をはじめると、国連のアナン事務総長は、アメリカの行動はこの決議の認める範囲のことだ、という認識を表明しました。後でくわしく説明しますが、アメリカの行動を自衛権の行使として認めることには重大な問題があります。こういう決議がおこなわれたこと、そしてアナン事務総長がこうした発言をおこなったことは、安保理と事務総長が自衛権の内容を大国のつごう次第にゆだねることを認めてしまったことを意味します。

自衛権に関する安保理での議論

第五一条が認める自衛権の内容について、国際的な認識はかならずしも一致しているわけではありません。とくにこれまでの安保理の議論では、間接的な武力侵略に対処することを目的とする武力行使（間接侵略対処）、在外自国民を保護するための武力行使（在外自国民保護）、侵略を未然にふせぐための武力行使（予防的自衛）、という三つのケースが、自衛権に含まれるかどうかが問題とされてきました。

間接侵略とは、ある国家に対して他の国家が、現地のゲリラその他の小規模な軍事力によっておこなう侵略が代表的です。また、内戦中の国家の政府を転覆することをねらって、ほかの国家がその政府に敵対する勢力に対して軍事援助する場合も、間接侵略になります。

在外自国民保護は、外国にいる自国民の生命と財産を守るために武力を行使するケースです。予防的自衛は、まだ武力侵略がおこなわれていない段階に、相手の侵略を未然に防止する目的で武力を行使するケースです。

ちなみにこれら三つのケースは、新ガイドラインにもとづく日米軍事協力と密接なかかわりがあります。間接侵略対処および在外自国民保護は、新ガイドラインにもとづく日米軍事協力の重要な内容です。また、予防的自衛については、日本政府は、敵基地攻撃が自衛の範囲に含まれる、という解釈を早くからとっています（一九五六年の統一見解）。

これらのケースが、憲章上の自衛権として認められる、といえるかどうかは、新ガイドラインにもとづく日米軍事同盟が国際法のもとで正当化できるかどうか、を判断するうえで重要な意味をもっています。

これまでの国際的な事件およびこれらの事件をめぐっておこなわれた議論をふまえ、この三つのケースが、自衛権として国際的に認められているかどうか、をハッキリさせておきたいと思います。

結論を先にいえば、これらのケースは自衛権として認められるという主張は、国際的に承認されているとはいえません。

間接侵略対処については、イスラエル、南アフリカなどが、その軍事行動を審議した安保理で、自らの行動を正当化する根拠として主張したことがあります。しかし、イスラエルおよび南アフリカに対して好意的なアメリカも含め、安保理ではその主張がしりぞけられ、イスラエルと南アフリカの行動を国連憲章違反としました。

在外自国民保護を理由とする武力行使は、アメリカ、イスラエル、ベルギーなどがおこないました。とくに安保理で議論がおこなわれて注目されたのは、イスラエルにかかわる事件でした。ハイジャック（一九七六年）で多数のイスラエル人が人質になり、イスラエル政府が人質を解放するためにウガンダにおいて武力を行使したケースです。

イスラエルおよびこれを支持したアメリカは、在外自国民保護は自衛権行使として認められる、と主張しました。しかし多数意見はその主張を受けいれませんでした。

予防的自衛の権利を主張したのもイスラエルでした。イスラエルは、レバノンにあるパレスチナ人難民キャンプに対する攻撃（七八年）およびイラクの原子炉に対する攻撃（八一年）を、予防的自衛として正当とする主張をこころみました。安保理では、前の事件についてはすべての理事国が、後の事件についてはアメリカをのぞくすべての理事国が、イスラエルの行動を非難しました。

九・一一事件と自衛権

九・一一事件がおこり、アメリカがアフガニスタンに対して軍事行動をとった際に、自衛権についてふたたび議論がおこりました。アメリカは、事件の容疑者も、容疑者をかくまう国家も同罪と断定して、アフガニスタンに対する軍事行動を自衛権の行使としたのです。

アメリカが軍事行動をおこしたのは、事件がおこってから一カ月近くたっています。急迫不正の侵害に対する行動とはいえません。またブッシュ大統領は、はじめから軍事行動だけを考えました。ほかの手段で問題を解決する気持ちはありませんでした。

自衛権行使の要件として国際的に認められている条件を満たしているとは、とてもいえません。とくに問題だったのは、アメリカのとった軍事行動がそもそも認められるのか、必要最小限のものだったか、という点です。

ニューヨークやワシントンを襲撃したのはアフガニスタンではないし、アフガニスタンがこの事件を画策したわけでもありません。この事件をおこした容疑者、とアメリカが断定した人物と組織がアフガニスタンを拠点としているにすぎません。この事件を国家と国家とのあいだの戦争と位置づけること自体に大きな無理があるのです。

いわゆる国際テロリズムの犯行といわれるものは国際犯罪として取り締まることについて、国際的に広い合意があります。

たしかにアメリカは一九八〇年代からこのような犯行に対して軍事力で対抗する政策をとるようになりました。しかしそのアメリカでも、問題を国際犯罪として扱ってきたのです。まして、犯行をおこなったものをかくまっているものも同罪として、アフガニスタンという国家を相手に戦争をはじめるというのは、まさに前代未聞です。このような軍事行動がはたして自衛権行使として認められるのか、はなはだ疑問です。

しかもアメリカの軍事行動は、アフガニスタンのタリバン政権を崩壊させることを目的としました。自衛権のための武力行使は必要最小限度にとどまらなければならない、という基準から見たとき、アメリカの行動はどう見ても自衛権の範囲を超えています。

しかし、アメリカの行動に対して、戦争によって問題は解決しないとする批判はありましたが、国際法違反として批判する動きは、国際的にはほとんどありませんでした。安保理、アナン事務総長にいたっては、アメリカの行動を自衛権の行使であると認める考えをはやばやと明らかにしたのです。

九・一一事件は、自衛権に関する国際的な共通の認識が確立しているというにはほど遠い現実があることをあらわにしました。とくに自衛権は武力行使と密接にかかわる場合が多いだけに、国家のうえに立つ権威がない国際社会では、国際法を尊重しない国家が現れれば、有効な対抗策をとることができないことになってしまうことが多いのです。

ましてや、超大国・アメリカが自衛権についての一方的な解釈にもとづいて行動する今回のようなケースになると、「無理が通れば、道理が引っ込む」結果になってしまう現実があることを、私たちは思い知らされることになりました。

しかし、まだまだ未成熟とはいえ、国際社会も社会であることには変わりありません。社会がなりたち、成長していくためには、社会の構成員（メンバー）が合意されたルールや法を守ることが欠かせない前提です。国家を主な構成員とする国際社会が民主的に成長することには、アメリカを含め誰もが賛成するでしょう。

そのための一つの重要な要素は、すべての国家が自覚的に国際ルールや法を守り、育てるようにならなければなりません。私たちは、「国際法なんて、しょせんはきれいごと」「国際政治はやはり力がものをいう」とあきらめてはならないのです。具体的には、国連がアメリカの思いどおりに動くような状態を改めさせることが重要な国際的課題です。

集団的自衛権とその主張

国連憲章が集団的自衛権を認めたことにより、国連加盟国は、侵略を受けたほかの国家を防衛するために武力を行使することについて、正当と主張する手がかりをもつことになりました。ただし、ある国家が侵略を受けた場合に、ほかの国家が自分の判断で武力を行使できる、というわけではありません。

第二章でも述べましたが、自衛権について求められる制約は、集団的自衛権についてもあてはまることが、一応の国際的な理解となっています。さらに、武力行使にあたっては、侵略を受けた国家と武力行使する国家とのあいだで、あらかじめ条約を結んでいること、あるいは、侵略を受けた国家からの要請があること、が必要とされます。

集団的自衛権は、アメリカ（そしてかつてのソ連）がほかの国々と結んだ安全保障に関する条約の法的な根拠とされてきました。代表的なものとしては、北大西洋条約機構（ＮＡＴＯ）および日米安全保障条約があります。

集団的自衛権を主張して武力行使がおこなわれたケースは、それほど多くはありません。よく知られているケースとしては、たとえば、ヴェトナム戦争があります。アメリカは、南ヴェトナムを支援する軍事行動を、集団的自衛権によるものとしました。ソ連は、アフガニスタンに軍事介入したとき、集団的自衛権によるものと主張しました。ただし安保理では、西側諸国が中心になって、ソ連の主張を非難しました。近年におけるケースとしては、湾岸戦争の際、アメリカは、イラクに侵略されたクウェートの要請にもとづいて集団的自衛権を行使する、と主張しました。

九・一一事件は、集団的自衛権との関係でも考えるべき問題をもっています。NATOおよび加盟諸国は、集団的自衛権にもとづいてアメリカの軍事行動に協力するとしたのです。

この決定および政策は、アメリカの軍事行動が自衛権の行使であるという主張をそのまま受けいれる場合に、はじめてなりたちます。自衛権行使というアメリカの主張には無理があることについては、すでに説明しました。自衛権の主張がなりたたなければ、集団的自衛権の主張がなりたたなくなることはいうまでもありません。

百歩ゆずって、アメリカの自衛権の主張を認めるとしても、NATO諸国が集団的自衛権の名のもとにアフガニスタンに対する武力行使に加担することが認められるでしょうか。国家ではない事件の容疑者を相手にした集団的自衛権の行使、というのでしょうか。それとも、容疑者のひきわたしに応じないアフガニスタンの政権を相手にして集団的自衛権を行使する、と主張するのでしょうか。

そういう点をことさらにあいまいにしたまま、既成事実だけがつみかさねられていくことは、将来に重大な禍根を残します。

国際司法裁判所の判決

集団的自衛権の問題については、国際司法裁判所の判決（ニカラグアに対する軍事および準軍事行動に関する判決）があります。

ニカラグアでは、一九七九年に革命がおこり、社会主義をめざすサンディニスタ政権が生まれました。

反共をかかげるレーガン政権は、ニカラグア政府が隣国エルサルバドルのゲリラに軍事支援をおこなっていることを理由にして、ニカラグアの反政府組織（コントラ）に軍事援助を与え、ニカラグアに対する軍事干渉を強めました。これに対してニカラグア政府は、アメリカの行動を違法として、国際司法裁判所にうったえたのです。

判決（一九八六年）は、アメリカが集団的自衛権にもとづいて自らの行動を正当と主張したことをしりぞけました。アメリカは、自らの行動を、エルサルバドルからの援助の要請に応えた集団的自衛権の行使、と主張したのです。しかし裁判所は、この要件が満たされていない、と判断しました。エルサルバドルは、武力攻撃の犠牲国であるとは宣言しましたが、その宣言は、アメリカが行動をおこしたずっと後になってからだったからです。

またアメリカは、エルサルバドルの反政府勢力に対してニカラグアが武器供与をおこなったことを問題にしました。裁判所は、武器供与は集団的自衛権行使の前提になる武力攻撃にあたるとはいえないと判断し、やはりアメリカの主張をしりぞけました。

ちなみに裁判所は、アメリカのコントラに対する支援が内政不干渉原則に対する明白な違反となる、と判断しました。そして、コントラに対するアメリカの軍事支援は違法な武力行使であり、ニカラグアの主権を侵害する、と結論したのです。

この判決については、一つ注意しておく必要があります。裁判所の集団的自衛権に関する判決は、憲章第五一条にもとづいておこなわれたものではない、ということです。

裁判所は、多数国間条約の留保に関するアメリカの主張を受けいれ、国際慣習法にもとづいて審理をおこないました。したがって、この判決は憲章第五一条を解釈したもの、とすることは、厳格にいうと不正確だとされています。

しかし集団的自衛権は、国連憲章ではじめて現れたものです。それまでの国際慣習法にはありませんでした。

そのことを考えると、裁判所の判断は、実質的に憲章第五一条に踏みこんだものであるといえます。したがって、判決の内容は、憲章の集団的自衛権を考えるうえで、重要な判断材料であることは間違いありません。

第四章　憲法と日米安全保障体制の歴史

——保守政治はいかに憲法をゆがめてきたか

私は、安全保障のあり方に関する日本国内の議論の状況について、このうえない危機感をおぼえています。

いま日本は、安全保障のあり方そして国家としての進路をめぐって、重大な岐路に立たされています（第一章参照）。それにもかかわらず、多くの国民は無関心です。そして保守政治は、国民の無関心をいいことに、自分たちの好きな方向に日本をもっていこうとしているのです。

国民の無関心そして保守政治の危険な動きは、このままにしておくと、日本の安全保障と進路を誤らせるのではないか、と不安でなりません。国民の無関心を生みだし、保守政治が勝手な行動に走ることをゆるしてしまっている原因を、真剣に考える必要があると思います。

ここでは、憲法と日米安全保障体制の歴史を整理することを手がかりにして、以上の問題について考えます。

もちろん、この作業だけで、すべての答えが出てくるほど、問題は簡単ではありません。日本の政治構造、日本人の歴史認識やアジア認識に密接にかかわる問題でもあるからです。しかし、歴史を整理するだけでも、かなりいろいろなことが見えてくるはずです。

1　憲法が示す日本の安全保障構想

保守政治は憲法改定に熱心です。

保守政治の最大の眼目が第九条にあることは間違いありません。世論調査でも、憲法改定を肯定するものが増える傾向がうかがわれます。こうした世論は、憲法にはいろいろな不備があること（プライバシーや環境権についての規定がない、など）を重視します。第九条に問題があるとする世論はあいかわらず少数です。

保守政治は、こうした世論を利用しようとしています。つまり、憲法の不備をただすことを売りものにして、第九条の改定をそのなかにしのびこませる、という手法です。

私は、憲法はまったく完全無欠、とするものではありません。しかし、憲法のあらさがしにはまって、憲法がもつすばらしい内容を無視してしまうことになってはならない、と思います。私はとくに、憲法が示している日本の安全保障構想を重視します。保守政治は、ほかでもなく、この構想をつぶすことに全力をかたむけています。それが第九条の改定の主張なのです。

改憲を肯定する人々に、ぜひ考えてほしいことがあります。憲法の不備をただすために第九条を犠牲にしてもいいのか、ということです。

いま、主権者である国民の最大の課題は、日本の安全保障のあり方と日本の進路を自らの判断で選択することです。この最大の課題を軸として、日本の政治について意思決定をおこなうことが求められているのです。

日本国憲法の制定経緯と「押しつけ憲法」論

第二次世界大戦に敗北し、ポツダム宣言を受けいれて降伏した日本は、アメリカの単独占領のもとで国家の再建をはかることになりました。

ポツダム宣言は、侵略戦争の原因であった軍国主義勢力の除去、戦争をおこなう能力の清算と軍隊の完全な武装解除、民主主義と基本的人権の確立を要求しました。これらのことを実現し、日本が生まれかわるためには、国家のあり方を定めた明治憲法を根本的に改めることが必要でした。アメリカは、占領を開始するとほぼ同時に、憲法の改正を指示しました。

日本政府は、ポツダム宣言の趣旨をまったく理解していませんでした。そのことは、当時の政府がつくった改正憲法案（一九四六年二月）を見れば明らかです。それは、明治憲法の字句を修正しただけのものであり、ポツダム宣言が日本に実現を求めた内容を完全に無視していました。

　たとえば政府案では、軍国主義の柱であった天皇制をそのまま温存しようとしていました。軍隊もそのまま維持することになっており、軍国主義の除去からはほど遠い内容だったのです。基本的人権に相当する部分は、あいかわらず「臣民」の権利義務としていました。日本国家の民主化については、何も触れていませんでした。

　アメリカは、政府案を全面的に拒否しました。代わりにポツダム宣言を反映した総司令部案をわたし、この案を最大限に考慮した新たな案を作成することを求めたのです。

　日本政府は抵抗しましたが、最終的に総司令部の原案にもとづいた憲法案がつくられ、日本国憲法として成立しました。

　日本国憲法はアメリカに押しつけられたもの、という批判があります。これは、以上の経緯をことさらに無視しています。日本は、ポツダム宣言を無条件で受けいれて降伏したのです。その時点で、軍国主義の古い体制ときっぱり縁を切り、平和に徹する民主国家に生まれかわることを約束したはずでした。

　そのことをしっかり認識し、ポツダム宣言の内容を実行に移す心構えができていたならば、自らの手で立派な憲法をつくることができたはずです。その認識と心構えがなかったために、アメリカに「押しつけられる」羽目になったのです。

ポツダム宣言に含まれた日本再生の原則を受けいれるものであるかぎり、憲法がその原則をふまえたもの（天皇制はともかくとして）であることを認めるでしょう。

憲法の「押しつけ」を批判する人々が、憲法の平和主義（とくに戦争放棄）、民主主義に反感をもっていることは、けっして偶然ではありません。これらの人々はそもそも、日本がポツダム宣言を受けいれたこと自体が気にいらないのです。

憲法の是非を判断するカギは、つくられた手続きなどにかかわる問題ではないはずです。重要なのは、その中身です。「押しつけ」論は、手続きを問題にすることによって、中身そのものをひっくりかえそうとするのです。目的のためには手段を選ばない、じつに恥ずべき態度だ、といわなければなりません。ことは、国家の根本にかかわる憲法、という重要問題です。私は、「押しつけ」論者には、公明正大で、国民に本音でぶつかる正直さがほしい、と注文をつけます。

前文と第九条

憲法の前文は、日本国民が「政府の行為によつて再び戦争の惨禍が起ることのないやうにすることを決意」する、と述べています。

侵略戦争に責任を負うのは、天皇を頂点とする軍国主義体制です。前文は、いまや主権者となった日本国民は、軍国主義がふたたび暴走することをゆるさない、という決意を表したのです。ポツダム宣言が日本に実現を求めた諸原則は、この短い文章のなかに集約されています。

憲法は、新生日本の安全保障のあり方について、明確な方向を示しました。

前文は、

「日本国民は、恒久の平和を念願し、人間相互の関係を支配する崇高な理想を深く自覚するのであつて、平和を愛する諸国民の公正と信義に信頼して、われらの安全と生存を保持しようと決意した」

と述べています。国際政治において支配的な勢力均衡の考え方によらず、まったく新しい安全保障のあり方をめざす姿勢を明らかにしたのです。憲法は、新生日本の安全保障のよりどころを「平和を愛する諸国民の公正と信義」においたのです。

前文はまた、

「われらは、平和を維持し、専制と隷従、圧迫と偏狭を地上から永遠に除去しようと努めてゐる国際社会において、名誉ある地位を占めたいと思ふ」

とも、力強く述べています。

新生日本は、国際の平和と安全の受益者であることに満足しない。自らも、国際の平和を維持する事業に積極的にかかわっていく。そうすることによって、日本の安全保障をより確固としたものにする、ということです。

憲法が示した日本の安全保障政策は、「一国平和主義」とはまったく無縁であることが分かります。日本の安全保障を国際の平和と安全とに結びつける、国際主義の立場です。前文はその点を、「いづれの国家も、自国のことのみに専念して他国を無視してはならない」と述べることで、再確認しています。

第九条は、侵略戦争に対する反省をふまえ、ポツダム宣言にもとづく軍国主義との決別および非軍事の平和国家の実現という目的を、徹底した形で実現するものです。軍国主義を清算し、非軍事に徹することこそ、新生日本の安全保障政策の中心内容です。

第九条は、「国権の発動たる戦争と、武力による威嚇又は武力の行使は、国際紛争を解決する手段としては、永久にこれを放棄する」と定めます。この目的を達成するため、「陸海空軍その他の戦力は、これを保持しない。国の交戦権は、これを認めない」とするのです。

第九条は、ポツダム宣言をふまえたものです。そのことは、第九条を正確に理解し、認識するうえで、決定的に重要です。

徹底して非軍事化する日本は、いかなる事情があっても、ふたたび国際問題の解決に軍事的にかかわることはしない。第九条は、国際社会に対して、そう固く約束したのです。

第九条は、前文が述べた侵略戦争の反省に立っていることは、今日とくに強調する必要があります。私たちが、このことをしっかりふまえているならば、軍事的国際貢献論にはじまって、憲法改定の主張につながってきた、保守政治の攻勢をゆるしてしまうことは、ありえないことだと思うのです。首相が改憲を公然と主張するまでになったいま、前文および第九条を正確かつ全面的に認識し、日本の進路を誤らせない決意を新たにすることが、何よりも求められているのではないでしょうか。

2　アメリカの対日政策の変更と憲法に対する攻撃

憲法が生かされていたならば、日本の安全保障政策そして国家としての進路は、いま私たちが目にしている状況とは、まったく違ったものになっていたでしょう。

しかし、日本がアメリカの占領のもとにおかれたことは、日本のその後の進路に重大な影響をおよぼしました。アメリカは、国際情勢の変化を理由に、ポツダム宣言を無視し、対日政策を一八〇度転換したのです。ポツダム宣言に基礎をおく憲法は、はじめから試練にさらされることになりました。

日本政府は、アメリカの対日政策が変わるまでの短いあいだでしたが、憲法を尊重する姿勢を示していました。しかし、アメリカの政策が変わるとともに、政府の憲法に対する姿勢も急変していきました。

第九条に関する政府の当初の立場

第九条に関して当初とくに議論されたのは、戦争放棄の意味、とくに戦争放棄と自衛権の関係です。

政府の解釈は、二段がまえでした。まず、第九条は直接には自衛権を否定していない。つまり、日本は国家として自衛権をもつ、としました。しかし、第九条は軍備と交戦権を認めないし、自衛権の行使としての戦争は放棄した。つまり、自衛権を行使することはできない、としたのです。

政府の第九条解釈のポイントは、国家として自衛権をもっているかどうかと、自衛権を行使することが憲法上許されているか、という問題を区別することにありました。そして、自衛権という権利そのものはもっているが、その権利を行使することは憲法によって禁じられている、としたのです。

ただし当時の政府の解釈では、自衛権について別の考え方が示されたこともあります。すなわち、多くの戦争が自衛権の名のもとにおこなわれた歴史の事実にかんがみ、自衛権を認めることは有害だ、つまり、自衛権自体が認められない、という認識です。日本は自衛権をもつ、という考え方で完全に統一していたわけではなかったのです。

ちなみに、自衛権に関する政府の二段がまえの論法は、集団的自衛権についてもそのまま繰り返されることになります。すなわち、日本は、集団的自衛権はもっている。しかし、その権利を行使することは憲法上禁じられている、とするのです。

しかし、自衛権の行使は憲法で禁じられている、とする政府の解釈は、あっさりとひっくりかえることになります。いま、集団的自衛権を行使できる、と憲法解釈を改めることを主張する論者には、自衛権についての憲法解釈変更という先例が頭にあるのでしょう。

当時の政府見解に関しては、次の点を注目する必要があります。

まず、自衛権の行使であっても戦争であることに変わりはない、としていたことです。「自衛権の行使＝戦争＝憲法違反」という明快な憲法解釈でした。

その後の政府の憲法解釈との関連でもう一つ注目したいのは、「戦力」に関する解釈です。政府は、「戦争またはこれに類似した行為において使用されるいっさいの人的および物的力」と定義していました。

「戦争またはこれに類似した行為」には、自衛権の行使も含まれます。自衛権の行使のために使用されるいかなる実力も、戦力であることには変わりはないから保持できない、ということだったのです。

ただし政府は当時から、第九条は、国内の治安を維持するための実力（警察力）をもつことを禁止していない、とする立場をとっていました。そして、どの程度までが警察力で、どの程度を超えれば戦力となるか、についての問題はある、としていました。この立場が、警察予備隊および保安隊の本質は警察力だから違憲ではない、という解釈につながっていくこと、しかし、自衛権を行使する実力である自衛隊は合憲、と主張するうえで困難にぶつかることは、後で見るとおりです。

アメリカの政策変更と日本政治の変化

徹底した非軍事の平和国家として日本を再建する、というアメリカの方針は短命でした。米ソの対立が深まり、東西対立の影響はアジアにおよびました。そのころから、アメリカの対日政策が変わりはじめました。

この変化は、中国の内戦で共産党が勝利したことによって、決定的になりました。アメリカは、日本をアジアにおける反ソ反共の砦《とりで》とする政策を採用したのです。

対日政策を一八〇度転換したアメリカにとって、戦争放棄および戦力不保持を定めた憲法第九条は、大きな障害となりました。

社会主義中国の建国直後に、占領軍総司令官のマッカーサーは、憲法の規定は、相手側がしかけてきた攻撃に対する自己防衛の権利を否定したものではない、と述べました。

また、「略奪をこととする国際的な盗賊団が（中略）…地上を徘徊しているかぎり、諸君のかかげるこの高い理想も全世界から受けいれられるまでには、かなりの時間がかかるものと考えなければならない」とも述べました（一九五〇年の年頭の辞）。それは、日本政府に憲法解釈の変更をせまり、権力政治の立場に立って、憲法が示した安全保障に関する基本姿勢を否定しようとするものでした。

朝鮮戦争（五〇年六月）がおこると、アメリカはただちに、日本を再軍備させる方針をうちだし、これを受けて警察予備隊が発足しました（同年八月）。警察予備隊は保安隊に名称を変更します（五二年一〇月）。非軍事平和国家建設をめざした憲法は、はやばやと試練にさらされることになりました。

マッカーサー発言および警察予備隊の発足、保安隊への発展を受けて、日本政府の憲法解釈は急転回しました。このことは、政府の憲法軽視の姿勢を露骨に示すものでした。この姿勢は、その後今日まで一貫しています。

政府は、自衛権行使は戦争であるから憲法上認められない、としていたそれまでの解釈を一変しました。いまや、自衛のために武力を行使することは憲法上禁止されていない、と主張するようになったのです。

また政府は、戦力に関する憲法解釈も変更しました。戦力にいたらない程度の実力を保持することは違憲ではない、と主張したのです。警察予備隊および保安隊は、警察力であって戦力ではないから合憲、というのです。憲法が保持することを禁止している戦力については、「近代戦争遂行に役立つ程度の装備、編成をそなえるもの」とする統一見解を新たにうちだしました。

アメリカの対日政策は、占領政策を円滑におこなうためという理由で、天皇の戦争責任を不問にしたことで、最初から不徹底でしたし、一貫しないものでした。とくに、米ソ冷戦が本格的になるなかで、戦争責任の追及が中途半端な形でうち切られたことは、今日に続く深刻な後遺症を生みだしました。戦後政治の主役になった保守政治は、戦前の思想と体質を受けつぎ、政治の反動化の温床となってきました。

3　独立回復の代償——日米安保体制と自衛隊

アメリカは、アジア政策のかなめとなった日本を、アメリカに忠実にしたがわせる形で、早期に独立させる政策を採用しました。朝鮮戦争の勃発は、日本の独立回復の動きを加速しました。

日本の安全保障政策は、国際的な権力政治によって支配されることになりました。憲法が示した安全保障政策は、根本からゆさぶられました。そして、日本の進路は、ますますアメリカの一存に左右されることになっていきました。

日米安保体制の成立

日本の独立を回復する対日講和条約と日本の安全保障を完全にアメリカにゆだねる日米安全保障条約は、同じ日に署名され、同じ日に発効しました。日本の独立回復は、対米軍事従属という代償によって実現したのです。そのことは、安全保障に関する憲法の理念を実現する可能性を奪うことを意味していました。

日米安保条約は、自衛権行使の手段をまだもっていない日本を防衛するための措置として、アメリカ軍が日本に駐留するという形をとりました。条約は、アメリカ軍が日本全土において無制限に行動する自由を、アメリカに与えました。日本は、形のうえでは独立したことにはなったのですが、軍事的には、事実上、ひき続きアメリカの占領支配のもとにおかれることになりました。

ちなみに条約の前文は、対日講和条約および国連憲章にもとづき、日本が個別的および集団的自衛権をもつことを指摘しています。

対日講和条約には、次の規定があります。

「連合国としては、日本国が主権国として国際連合憲章第五十一条に掲げる個別的又は集団的自衛の固有の権利を有すること及び日本国が集団的安全保障取極を自発的に締結することができることを承認する」（第五条c）

この規定を読むかぎりでは、日米安全保障条約は、「集団的安全保障取極」、つまり集団的自衛権にもとづく条約、と認識されていたことがうかがえます。ただし当時は、この問題が正面からとりあげられることはありませんでしたし、本格的に議論された形跡もありません。

安保条約と憲法の関係で大きな争点になったのは、アメリカ軍の日本駐留は憲法違反ではないか、という問題でした。

政府は、戦力を保持する主体が日本ではなくアメリカであるから憲法第九条には関係がない、という乱暴な議論をおこないました。最高裁判所は、憲法が禁じている戦力は、日本が指揮・管理権を行使できる戦力すなわち日本の軍隊であり、外国の軍隊はあたらないとして、違憲論をしりぞけました（砂川事件判決）。

しかし、保持の主体が誰かあるいは指揮・管理権の有無によって合憲か違憲かを判断する、とする政府および最高裁の議論は、まったく説得力がありません。

日米安保条約は、主権国家としての日本が結んだものです。その条約は、日本が独自に自衛権を行使する手段をもっていないあいだの措置として、日本という国家の明確な意思として、戦力であるアメリカ軍を日本に駐留させることにしたのです。アメリカ軍は、日本の自衛権行使の手段、という位置づけです。

また条約は、アメリカ軍が日本以外の地域で武力行使をおこなうことを認めました。そのことは、国際紛争解決の手段としての武力行使を禁じた第九条の趣旨に反します。

日本の平和と安全は、日米安保体制によって維持することができた、とする日米安保肯定論があります。

この主張は、世界の多くの国々が、軍事同盟によらないで、安全保障をまっとうしてきた事実を無視しています。また、日本が、アメリカと同盟したことによって、米ソ冷戦の緊張にまきこまれた、という事実をも無視しています。

ただし、日米安保体制が歴史的にはたした役割を肯定するか、それとも否定するのか、という議論は、水かけ論に終わるしかありません。いま私たちが考える必要があるのは、これからの日本の安全保障政策そして日本の進路を考えるうえで、日米安保体制をどう位置づけるか、ということです。

この問題を考えるうえで、ポイントが二つあります。

一つは、憲法の安全保障政策と、日米安保体制を軸とする安全保障政策のいずれを、二一世紀の日本が選択することが求められているか、ということです。もう一つのポイントは、憲法違反の日米安保体制をそのままにしておくことは、民主的な法治国家として、そもそも許されるのか、ということです。

この二つのポイントは、本来であれば、日米安保条約をはじめに結ぶ段階で、徹底した議論を尽くすべきでした。しかし、政府が徹底して秘密にしたまま、条約の締結を強行したために、その機会が国民から奪われたのです。

いま、日本の安全保障のあり方が問われているとき、この二つのポイントについて国民的議論を尽くす必要がある、と私は思います。

自衛隊創設と憲法解釈

アメリカのアイゼンハワー政権（一九五三年成立）は、通常兵力に関して同盟国に負担させる政策をとりました。

日米間では、アメリカの相互安全保障法（ＭＳＡ）にもとづく援助交渉がおこなわれ、そのなかでアメリカは、日本に援助を与える見返りに、日本が自衛力を増強することを要求しました。こうした経緯をふまえて、日本政府は、自衛隊創設に踏みきったのです（一九五四年七月）。

自衛隊もまた、アメリカの対日圧力の産物でした。そして、政府の憲法解釈も、ふたたび困難にぶつかり、変更を強いられました。

政府が新しくうちだした憲法解釈は、次のような内容です。この解釈は、その後維持されて今日にいたっています。

まず、自衛権の行使は憲法違反ではない、とする点についてです。

政府は、自衛権の行使としての武力行使は、憲法第九条が禁止している「国際紛争を解決する手段」としての武力行使とは違う、と主張しました。つまり、武力行使の目的が何かということが、合憲か違憲かを区別する基準になる、とする主張です。

ちなみに、この主張をするようになってから、政府は、自衛権の行使として許される武力の行使について、三つの要件を満たす必要がある、とする立場をとってきました。それは、日本に対する急迫不正の侵害があること、これを排除するために他の適当な手段がないこと、必要最小限度の実力行使にとどまるべきこと、の三つです。この説明は、自衛権に関する国際的な理解と、基本的に一致しています。

また戦力の問題については、憲法が禁じている戦力とは、「自衛のため必要な最小限度を超えるもの」という解釈をうちだしました。そして、自衛のために必要最小限度の実力にとどまる自衛隊は、憲法違反の戦力にはあたらない、と主張するようになりました。

第二章でも触れたように、武力行使のなかでも、自衛権の行使としての武力行使を特別に扱う考え方は、自衛権に関する国際的な議論のなかでも見られるものです。

しかし、自衛権の行使は憲法が禁じる「国際紛争を解決する手段」としての武力行使とは違う、とする政府の主張は、国際的に通用するものではありません。自衛権の行使であっても、国際紛争の解決の手段であることには変わりないからです。

自衛権の行使としての武力行使を合憲、とする政府の主張は、第九条を正しく理解したものとはいえません。日本の中国侵略は、自衛権の名のもとにおこなわれました。第九条は、そういう過去への反省に立って、自衛権の行使を含めた、いっさいの武力行使を禁止したのです。

戦力に関する新しい定義にも、問題があります。

「自衛のための必要最小限度」といっても、その具体的な限界をハッキリさせることは困難です。

政府もそのことを認めています。具体的な限度は、そのときどきの国際情勢、軍事技術の水準その他の諸条件によって変わる相対的なもの、というのです。政府の解釈がいかにあやしいものであるかは、たとえば、自衛のための限度を超えないかぎり、核兵器の保有も憲法違反ではない、とまでしていることに示されます。

4　六〇年安保と日米関係

一九五〇年代をつうじて、日本経済は急速に復興しました。日本は、自衛隊をもちました。一九五二年の日米安保条約は、そうした変化に対応しない、アメリカの日本占領時代の遺物、不平等条約としての性格があらわになっていきました。日米安全保障関係を見なおすことは客観的ななりゆきだった、といえるでしょう。

問題は、どういう立場から見なおすか、です。

安保条約の改定

一九五七年に首相となった岸信介《きしのぶすけ》は、戦前の軍国主義の思想と体質を戦後保守政治にひきつぐ役割をはたしました。戦後保守政治の反共反民主の反動的本質を代表した人物です。

岸首相は、反動的なナショナリズムの立場から、五二年の安保条約で形づくられた日米関係があまりにも不平等であると考え、より対等平等な関係にすることをめざしました。そのために彼は、安保条約を改定することが必要だ、と考えたのです。

しかし、岸首相の思想は、反動的なナショナリズムを基本にしつつ、親米という要素がないまぜになったものでした。岸首相は、日米関係を根本から見なおすことを考えたわけではなかったのです。また、日本の安全保障をアメリカに依存する体制を改めることを考えたわけでもありませんでした。

ちなみに、岸首相のようにかつて鬼畜米英をとなえた人物が一転して親米路線になるということは、常識的には理解しにくいことです。しかし、もともとA級戦犯容疑者だった彼は、アメリカが対日政策を転換したことの最大の受益者でもありました。また日本の政治では、政治的転向という現象は岸首相だけにかぎられたことではありません。岸首相が戦前から一貫していたことは、反共であり反民主であったことでした。

アメリカは当初、条約改定には積極的ではありませんでした。しかし、当時の日本国内では、一連の基地闘争をつうじて反米感情がもりあがっていました。

アメリカは、日本国内の反米感情を無視することができず、岸首相の希望に応じる形で日米軍事同盟関係をたてなおす方針に転換しました。アメリカは、安保の不平等性を改善するという日本側の希望を、日本の軍事的責任を強化する方向にもっていこうとしたのです。

アメリカは、交渉のはじめの段階では、集団的自衛権にもとづく双務的な条約にすることを希望しました。集団的自衛権にもとづく双務的な条約ということは、アメリカが日本の防衛のために戦争あるいは武力行使するだけでなく、アメリカがおこなう戦争・武力行使に、日本が全面的に参加し、協力することを意味しています。

アメリカの要求を受けいれることは、自衛のための武力行使は憲法上認められる、とする政府の憲法解釈を超えるものでした。他国のために戦争・武力行使することを本質とする集団的自衛権の行使は、自衛権行使の三要件の基準には、とうていあてはまりません。

岸首相は、もともと改憲論者でした。アメリカの要求に応じ、集団的自衛権行使を可能にする第九条改定にも強い意欲をもっていました。しかし当時の日本の政治状況は、改憲を前提にする安保改定はとても考えられないものだったのです。

安保条約の改定に関する日米交渉は、主権者である日本国民を「蚊帳の外」において進められました。交渉の内容については、今日でもほとんど明らかになっていません。

また、この条約は、十分な国会審議を抜きにして成立が強行されました。日本の安全保障政策および日本の進路という問題の決定が、ふたたび国民不在そして日本の民主主義を否定する形でおこなわれたのです。

六〇年安保条約の内容と問題点

改定された安保条約は、旧条約に含まれていたいくつかの不平等な内容を改めた、という評価があります。

たとえば旧条約では、アメリカが日本を防衛する義務は明記されていませんでしたが、その点が明記されました。また旧条約では、アメリカ軍が日本全土を自由に使用できることになっていました。しかし改定条約では、アメリカが使用する基地については、日本が提供するものとしました。ということは、日本が提供するかどうかについて判断し、決定する権利が認められたことを意味します。さらに、アメリカ軍が日本の基地から軍事行動をおこなう場合には、日本側と事前に協議をおこなうことが約束されました。

しかし、六〇年安保条約には、重大な問題があります。たとえば、旧安保で憲法とのかかわりで大きな問題だったアメリカ軍の日本駐留については、条約はひき続き認めています。

また条約の前文は、旧条約と同じく、両国が個別的、集団的自衛権を有していることを確認しています。政府の説明によれば、集団的自衛権を行使できない日本は個別的自衛権にもとづいて、また、アメリカは集団的自衛権にもとづいて、この条約を結んだとされます。したがって、日本の条約上の義務は個別的自衛権にもとづいて認められる範囲にかぎられる、というのです。

日本の条約上の義務は、本当に個別的自衛権の範囲内にとどまっている、といえるでしょうか。

条約は、日本が自らの意思でアメリカに基地を提供する、としています。また、アメリカが日本以外の地域で軍事行動をとる場合に、日本が事前協議で認める場合がある、ともしているのです。

外国軍に基地を提供し、その使用を認めることは、国際的に見れば、集団的自衛権の行使そのものです。条約は、旧条約以上に憲法違反の性格を強めているのです。

安保条約の適用の過程でも、重大な問題が生まれました。

アメリカは、六〇年代から七〇年代にかけて、ヴェトナムを侵略しました。日本のアメリカ軍基地は、補給および出撃の拠点となったのです。アメリカの軍事行動は、事前協議の対象でした。日本は、アメリカに事前協議を要求し、アメリカが日本の基地を使用することを拒否するべき立場にあったのです。

しかし日本政府は、事前協議を要求せず、アメリカの自由な使用を認めてしまいました。政府は、条約を改定した重要な成果として、アメリカの行動をおさえる事前協議制度を宣伝していました。しかし、自らの行動でこの制度を無意味なものにしてしまったのです。ちなみに、事前協議制度は、その後も一度も生かされたことはありません。

沖縄返還と日米安保体制

第二次世界大戦の末期にアメリカに占領された沖縄は、日本が独立を回復した後も、そのままアメリカの占領支配におかれることになりました。日本の独立は、沖縄の犠牲のうえに実現したのです。

沖縄では、とくに一九六〇年以来、本土復帰を求める運動がもりあがりました。六四年に成立した佐藤政権は、沖縄返還を重点政策としてかかげることになりました。

アメリカ政府は、軍部を中心に強い慎重論がありましたが、アジア戦略に日本が積極的に責任を分担することとひきかえに、沖縄返還に応じる方針を固めました。

しかし沖縄では、六八年におこなわれた一連の選挙によって、即時無条件全面返還が民意として示されました。安全保障に関しては、過酷な軍事負担を強いられている沖縄の状況を、せめて本土なみにまで回復することが、要求の中心にかかげられたのです。沖縄返還交渉では、日米安保体制のあり方そのものが問われたのでした。

佐藤政権は、対米交渉において、沖縄返還という名目だけにこだわり、実質的にはアメリカの要求を受けいれることに終始しました。

日本の基地から出撃するアメリカ軍の行動をさまたげないと約束して、事前協議制度を空洞化し、本土の基地全体について実質的に自由使用を認めました。それは、アメリカ軍の基地使用について、本土を沖縄と同じ扱いにすることを意味していました。

沖縄に対する核兵器のもちこみについても、日米首脳のあいだで密約があったことが明らかになっています。沖縄返還を受けた日米安保体制は、アメリカのねらいどおり、アメリカのアジア戦略に日本が全面的に協力することに力点をおくものへと、再編強化されました。

アメリカは、ヴェトナム戦争で敗北した後、日本の防衛力増強と日米軍事協力体制の強化を要求してきました。その結果、一九七八年に「日米防衛協力のための指針（ガイドライン）」がまとめられました。ガイドラインは、平時、対日攻撃対処、極東における日米共同対処、の三つの部分からなっていました。アメリカは、ガイドラインにもとづいて、日米の軍事協力を具体化することをねらったのです。

結果からいいますと、ガイドラインにもとづく日米軍事協力の実績は、アメリカから見ると、きわめて不満足なものに終わったようです。とくにアメリカが力をいれた、極東の事態における日米共同対処に関しては、ほとんど動きがありませんでした。その最大の原因は、当時の日本ではなお、日米が戦争計画を話しあっていることが表ざたになるだけでも、世論のはげしい反対に直面する状況があったためです。

5　湾岸戦争と軍事的国際貢献論

安保条約が改定されて以後、安全保障問題に対する関心は、しだいに薄れていきました。戦後政治の総決算をかかげた中曽根政権は、保守政治の立場から、安全保障政策を含めた政治のあり方を問いなおそうとしました。しかし、高度経済成長、二度の石油危機、バブルと、国民の関心は、経済と生活に集中しました。日本の安全保障のあり方が根本的に問いなおされたのは、湾岸危機・戦争でした。

湾岸戦争とアメリカの対日要求

日本は、湾岸危機・戦争（一九九〇～九一年）に直面して、それまでタブー視されていた問題に、次つぎと答えを出すことをせまられることになりました。湾岸危機・戦争の主役だったアメリカが、日本の軍事協力を強硬に要求してきたためです。

日本の安全保障政策および進路は、またもやアメリカによって大きくゆさぶられることになりました。

戦後日本の政治を支配してきた保守政治の外交・安全保障政策は、対米追随一辺倒で、主体的に政策を決定し、実行することを放棄した、事なかれに終始してきました。そんな保守政治は、長いあいだアメリカにとって好都合な存在でした。

そのあいだに、日本は、アメリカに次ぐ世界第二位の経済大国にのしあがっていました。ところが保守政治は、経済的利益にしか関心がなく、大国としての国際的な責任をまったく自覚しないままでした。保守政治の日本は、まさに一国平和主義だったのです。

国際関係は、湾岸危機がおこったときには、大きく変化していました。

米ソ冷戦は終わっていました。国連安全保障理事会（安保理）では、五大国が協力して国際問題に取り組むことが、一時的にしても、可能になっていました。アメリカは、安保理を最大限に利用して、湾岸危機・戦争を解決する方針を採用しました。

安保理は、湾岸危機・戦争において、アメリカの思うとおりに動きました。安保理は、イラクを侵略者と断定しました。国際の平和と安全を回復するために、アメリカを中心とする多国籍軍がイラクに対して軍事行動をとることを承認しました。そして、多国籍軍に協力することを、加盟国によびかけたのです。

アメリカは、以上の安保理の決定を背景にして、日本に対して強烈な圧力をかけました。

安保理がイラクを侵略者と断定したのだから、国連加盟国である日本は、あいまいな態度をとることは許されない。日本は、安保理決議にもとづいて組織されたアメリカを中心とした軍事行動に、積極的に協力するべきだ。日本の協力はお金だけではなく人も、また、非軍事にかぎらず軍事面も含むべきだ。とくにアメリカは、大国である日本がほかの国々以上に積極的に協力することを当然だ、としてせまったのです。

保守政治の対応

保守政治は、アメリカの対日要求を満たすために、必死に動きました。

保守政治を突き動かしたのは、対米一辺倒しか頭にない従来の発想だったことは間違いありません。しかし、湾岸危機・戦争におけるアメリカの対日要求は、多額の戦費負担、自衛隊の湾岸出動など、従来の対米軍事協力の枠を大幅に超えるものでした。戦費は国民の税金であり、自衛隊の海外派遣は第九条に正面衝突します。それはもはや、保守政治が国民の目をかすめて処理できるたぐいのものではありませんでした。

それまでの保守政治は、アメリカの軍事要求でも、できるかぎり国民の反対や抵抗をまねかないように、国民の目をぬすむ形で処理してきました。アメリカも、そういう対応を見て見ぬふりをしてきた面がありました。

しかしアメリカは、湾岸危機・戦争では、日本があいまいに対応することを許しませんでした。保守政治は、はじめて国民世論と正面から対決しなければならない状況に追いこまれたのです。

軍事的要素を強調した国際貢献論および国連中心主義の主張は、こうして生まれました。かつて国連中心主義は、日米安保体制を批判する側が外交・安全保障政策の柱としてすえたものでした。米ソ冷戦時代の国連は、軍事的機能をになう余地はなく、もっぱら非軍事による国際平和の実現をめざしていました。その国連は、非軍事の平和国家をめざす憲法の立場と一致している、と受けとめられたからです。

米ソ冷戦が終わったことで、安保理が国際紛争に軍事的にかかわることになりました（第三章参照）。しかし、自国中心でものごとを進めようとするアメリカの態度が硬いため、安保理を中心にした集団安全保障体制が動く余地は、はじめからありませんでした。安保理はむしろ、アメリカの軍事行動を正当化する手段として利用されたのです。

保守政治の国連中心主義の主張は、こうした安保理の変質に着目したものでした。その本質は、アメリカの支配のもとにあることを前提にした国連を重視する、というにすぎません。それは、対米一辺倒の一つの表れ方にすぎないものでした。

日本国内の変化

保守政治は、国民世論に対して、マスコミも動員した積極的な働きかけをおこないました。結論からいうと、保守政治がうちだした軍事的国際貢献論そして国連中心主義の主張は、国内世論に大きな混乱を生みだし、そして比較的短い期間で、世論の流れに大きな変化をもたらしました。

この背景には、国内世論の保守化、そしていわゆる保守政治を批判する側の力のおとろえ、という問題があったことは否定できません。

多くの国民は、一九六〇年代の高度経済成長のなかで中流意識をもつようになりました。それとともに、政治に対する鋭い問題意識も、確実に薄くなっていったのです。

日本は、経済大国として急成長しましたが、多くの国民は、日常的問題に関心が奪われ、国際感覚を育てることもありませんでした。世論の保守化・脱政治化、といわれる現象が進行したのです。

一九七〇〜八〇年代に進んだ政治の右傾化は、世論の保守化を反映すると同時に、その保守化をいっそう助長するものでした。

保守政治を批判する側の対応は、けっして力があるものではありませんでした。

保守政治を批判する際のよりどころは、いうまでもなく憲法です。しかし、憲法を日々の生活に活かす努力がおこなわれた、とはいえません。とくに、変化する内外の情勢のなかで憲法の平和主義の積極的な意味を明らかにする努力は、決定的に怠られました。

保守政治を批判する側の国連中心主義の主張も、湾岸危機がおこったころには、中身のないスローガンになってしまっていました。保守政治に対する批判力が弱まったことは、世論の保守化・脱政治化に対する歯止めが失われることを意味していました。

保守政治の世論に対する働きかけは、まさにこういう状況のもとで進められたのです。保守政治は国民感情をたくみに利用しました。

すでに指摘しましたように、一国平和主義は保守政治そのものでした。ところが保守政治は、国際政治に関心をもたない国民の意識を、一国平和主義として批判したのです。また、国連に対して無批判な国民に、国連中心主義の中身をすりかえておしつけました。

その結果、安全保障問題をめぐる国内世論は、しだいに保守政治に有利な方向に誘導されていきました。湾岸危機直前までは不可能と考えられていたことが、わずか二年のあいだに、次つぎに実現することになりました。

たとえば、湾岸戦争のための戦費の拠出については、国民のあいだにも大きなためらいがありました。しかし多くの国民は、軍事貢献を拒否することは一国平和主義であり、また、国連が決めたことを無視するわけにはいかない、とする保守政治の主張のあやしさを見分けることができず、最後まで反対をつらぬくことができなかったのです。

湾岸戦争後という時期を見はからった掃海艇の派遣についても、憲法が禁じる海外派兵ではないか、という批判がなかったわけではありません。しかし、掃海艇がなにごともなく帰国すると、批判は長続きせず、海外派兵の既成事実だけが、国民の意識を支配することになってしまいました。

自衛隊のPKO派遣をめざすPKO協力法をめぐっても、さまざまな問題点が指摘されました。くわしくは第五章で述べますが、重大な憲法問題が議論されたのです。

しかし、最終的には保守政治の主張がとおり、法律は成立し、自衛隊の海外派遣（カンボジア、モザンビーク、ルワンダ）が次つぎと実行に移されました。

6　北朝鮮「核開発疑惑」と新ガイドライン安保

湾岸戦争を転換点にして、安全保障のあり方をめぐる国内の議論の力点には、大きな変化がおこりました。

それまでは、国際紛争に軍事的にかかわること自体が、憲法との関係で問題、と認識されていました。しかし湾岸戦争以後は、その問題意識は既成事実の前に沈黙してしまう形になりました。そして、どういう形の軍事的かかわり方ならいいのか、という問題が議論されるようになりました。

しかし、このころはまだ、日米安全保障体制そのものについては、議論となっていませんでした。日米安保体制のあり方が正面からとりあげられるきっかけとなったのは、朝鮮民主主義人民共和国（北朝鮮）の「核開発疑惑」事件でした。

明らかになった日米安保体制の「欠陥」

クリントン政権の登場と時期を同じくして、北朝鮮のいわゆる「核開発疑惑」問題が、大きくとりあげられることになりました。

「核開発疑惑」とは、北朝鮮がひそかに原爆開発をおこなっているのではないかという疑惑がアメリカを中心にして国際的にとりあげられたこと、をさしています。

北朝鮮が原爆の開発に取り組んでいるのではないかという疑いは、それ以前から指摘されていました。しかし、アメリカがこの問題に強硬な姿勢でのぞむようになったのは、湾岸戦争で敗れたイラクに対する国際査察の結果、イラクが原爆開発を進めていたことが明らかになった、とされてからのことです。イラクが秘密に進めていた核開発の動きをチェックできなかった以上、北朝鮮についても疑ってかかる必要がある、というのです。かなり説得力がない話であることを、まずふまえておきたいものです。

そういうなかで、一九九三年五月、北朝鮮は、弾道ミサイル（ノドン）の発射実験をおこないました。このミサイルは、日本を射程におさめる飛距離があることが問題とされました。

核開発疑惑とミサイル問題がかさなりあって、アメリカおよび日本では、北朝鮮を脅威とみなす主張が急速に高まりました。そしてアメリカでは、北朝鮮をイラクと同列におく「ならず者国家」論が登場しました。

北朝鮮脅威論は、まったくためにする議論でしかないことをハッキリさせておきたい、と思います。

北朝鮮が開発しているかもしれない、とされるのは、プルトニウム原爆です。プルトニウム原爆は製造が複雑なので、開発のはじめの段階ではどうしても重くなるのです。軽くするためには、何度も核実験をおこなう必要があります。北朝鮮はまだ核実験をしたことがありません。北朝鮮のミサイルにはそんなに重い原爆をはこぶ力はないことは、誰もが知っていることです。

また、「ならず者国家」は何をするか分からない、とする議論があります。

しかし、北朝鮮が先制攻撃をかければ、次の瞬間には、アメリカ・日本・韓国の軍事力によって北朝鮮は全滅する運命が待っているのです。かりに、北朝鮮の指導者がいくら無謀であるとしても、自殺以外のなにものでもない戦争をするわけはありません。この程度の常識に属することすら、常識とならない日本やアメリカの現実のほうが、はるかに異常です。

とにかくアメリカは、外交交渉をおこなう一方、北朝鮮の核施設を破壊する軍事作戦を考えるようになりました。今日明らかになっているアメリカの当時の戦争計画は、第二の朝鮮戦争をおりこんだものでした。

アメリカが北朝鮮の核施設に対して軍事作戦をおこなうことに対し、北朝鮮は、韓国とくに首都・ソウルに対する集中砲火で応戦しますから、全面戦争になることは避けられません。アメリカは、日本全土を基地にして徹底的に北朝鮮をたたく作戦を展開します。

北朝鮮は最終的には敗北を免れませんが、反撃の一環として、アメリカ軍の基地となっている日本に対しても特殊工作部隊(ゲリラ)による報復作戦をおこなうでしょう。その場合の対象として、日米がもっとも警戒したのは、日本の神経中枢に対する破壊作戦であり、とくに日本海側に密集する原子力発電所に対する攻撃でした。

アメリカは、北朝鮮に対する軍事作戦をおこなうにあたって、日本に全面協力を要求しました。日本政府は、全面戦争となる事態をふまえた対米協力の可能性と、北朝鮮のゲリラが対日報復作戦をおこなってきた場合の対処の可能性、について検討しました。

その結果、日本には、対米全面協力をおこなう態勢も、北朝鮮のゲリラ作戦に有効に対処する能力も、ともにないことが明らかになったのです。

戦争の危機は、一九九四年六月、カーター元大統領と金日成《キムイルソン》主席との会談により、土壇場で回避されました。そして七月、金日成は急死しましたが、一〇月の米朝合意により、一触即発の事態は遠のきました。しかしアメリカは、有事に際して、日本が対米全面協力する態勢がととのっていないことを深刻に受けとめました。事件は、アメリカが日米安保体制の有効性を根本的に問いなおすきっかけとなったのです。

アメリカは、ただちに日本に働きかけを開始しました。その結果が日米首脳による安保共同宣言（一九九六年四月）だったのです。

安保共同宣言と新ガイドライン

安保共同宣言は、米ソ冷戦後のアジア情勢の変化をふまえ、日米安全保障関係を強化することで合意しました。宣言は、その合意を具体化するために、一九七八年に結ばれたガイドラインを見なおすことを約束しました。

アメリカは、日米軍事同盟の見なおしに先だって、欧州諸国とのあいだで、ソ連の脅威が消滅した後の北大西洋条約機構（ＮＡＴＯ）のあり方について協議していました。

その結果、米欧間では、対ソ軍事同盟から域外での軍事行動をとりうる同盟へとＮＡＴＯを方向転換させることで、合意が成立したのです。アメリカは、日米軍事同盟についてもそのあり方を根本的に見なおす方針でのぞんだのです。

こうして作成された新ガイドラインの最終報告（一九九七年九月）は、アメリカの方針に忠実にしたがって、日米安保体制を従来とは根本的に異質なものにすることをめざすものでした。

新ガイドラインの内容については、憲法を基準にするか、アメリカの対日要求を基準にするかで、正反対の評価が出てきます。

憲法を基準にしますと、新ガイドラインの中身は、六〇年安保の範囲をはるかに超えた新安保とよぶべきものであり、憲法違反はいっそう露骨になっている、という批判を免れません。ところが、アメリカの要求に即して見ますと、なお不満足きわまりない段階にとどまっている、ということになるのです。

たしかに新ガイドラインは、日米安保体制の枠組みは変更しない、日本のすべての行為は憲法の制約の範囲内でおこなう、とことわっています。しかし、新ガイドラインの憲法違反の本質、安保条約との異質性は、すくなくとも次の点で明確です。

まず、六〇年安保は、建て前としては、日米協力による日本防衛を主な目的としていました。しかし米ソ冷戦が終わったいま、アメリカの戦略において、日本が他国から侵略される戦争シナリオはありません。

新ガイドラインは、アメリカがおこなう戦争に対する日本の協力のあり方を中心にしてつくられています。このことは、憲法第九条とは根本的にあいいれません。新ガイドラインは、日本政府が強調してきた専守防衛の立場からさえ、大きく逸脱しています。

また新ガイドラインは、周辺事態対処を中心にすえました。六〇年安保でも、アメリカがおこなう戦争に対して、日本が協力することは予定されていました。しかし、日本の協力は極東という地理的限定がついていました。また、日本の協力は基地を提供することにかぎられることになっていました。ところが新ガイドラインでは、極東にかわって周辺事態というきわめてあいまいな概念がもちこまれました。周辺事態とは、「日本の平和と安全に重要な影響を与える事態」と定義されています。周辺事態は、きわめて漠然とした内容であり、事実上、アメリカがとる軍事行動はすべて周辺事態にはいってしまいます。

新ガイドラインは、アメリカに軍事行動の自由を与えています。周辺事態に際して、アメリカは、自らの判断によって、いかなる軍事行動もとることができることになったのです。安保条約の事前協議は、完全に意味を失います。

このことは、日米軍事関係を六〇年安保から旧安保に逆もどりさせることを意味します。このことはまた、国際紛争を解決するための武力行使を禁じた第九条を完全に無視しています。

新ガイドラインではさらにまた、アメリカが周辺事態に際してとる軍事行動に、日本が全面的に協力することをもりこんでいます。

たしかに、日本は自らの判断にしたがって協力するかどうかを決める、とはなっています。しかし、アメリカが軍事行動をとった後になって、日本がアメリカに協力を拒否することは実際上考えられないことです。しかも、日本がアメリカに対しておこなう協力の内容は、基地提供、後方支援、捜索・救難、非戦闘員退避活動、機雷除去など、集団的自衛権の行使に踏みこむものが目白押しです。

ちなみに、周辺事態に対処するための法律は、いわゆる周辺事態法です。周辺事態対処が集団的自衛権への踏みこみを内容とする以上、この法律そのものが憲法違反なのです。

新ガイドラインの対日攻撃対処とは、アメリカおよび日本の攻撃に対して、相手側がこころみる反撃に対抗する軍事行動をさします。

旧ガイドラインのときはまだ、日本侵略に対する自衛反撃、という安保条約の考え方が残っていました。こちらが先に攻撃しておいて、相手が反撃してきたらさらにこれをたたくというのでは、もはや、自衛権行使として正当化できる武力行使ではありません。

しかも対日攻撃対処が予定するのは、日本全土を戦争態勢におくことです。保守政治が実現をめざす本格的有事法制は、新ガイドラインにもとづく対日攻撃対処体制をつくりあげるもので、戦争法そのものです。平和憲法のもとで戦争法をつくることは、認められるはずがありません。

新ガイドラインは、平時から緊密な日米間の軍事協力をおこなうことも定めています。平時から戦時にそなえる、という趣旨なのです。アメリカに対する日本の軍事協力体制は、平時と戦時とを分けていない、ということです。このこともまた、憲法を根本から踏みにじるものです。

7　ブッシュ政権と日米関係

新ガイドラインは、アメリカの対日要求、という立場からすれば、まだまだ不十分なものです。クリントン政権は、とりあえず納得しました。しかし、アメリカの利益を最大限に追求するブッシュ政権は、貪欲に対日軍事要求を強めています。いまや、日本の安全保障は、憲法の立場を守るのか、アメリカの言うがままになるのか、という決定的な段階をむかえています。

ふたたびアーミテージ報告

新ガイドラインにもとづく日米軍事同盟は、憲法違反そのものです。それにもかかわらず、アメリカは、クリントン政権のもとで進められてきた日米軍事協力にまったく満足していません。そのことを明らかにしたのは、第一章で触れた、アーミテージ報告でした。

報告は、新ガイドラインにおける日本の対米約束およびその後の経緯に対して、あからさまな批判を加えています。アメリカから見れば、日本の約束は憲法の制約の範囲内にかぎられており、日本の対米軍事協力はきわめて中途半端なものにとどまっている、とするのです。

アメリカがもっとも問題にするのは、新ガイドラインにもとづく日本の「すべての行為は、日本の憲法上の制約の範囲内において（中略）…行われる」ことになっていることでしょう。このことは、集団的自衛権の行使は憲法違反だからできない、とする従来からの立場を、新ガイドラインでも維持することを意味しているからです。

たしかにこの憲法上の制約とされることは、新ガイドラインのいたるところで顔をのぞかせます。

たとえば新ガイドラインは、日本に対して「立法上、予算上又は行政上の措置をとることを義務づけるものではない」と、いっています。せいぜい、「具体的な政策や措置に適切な形で反映することが期待される」にすぎません。このように書くことで、政府は、新ガイドラインは義務をともなう国際約束ではなく、したがって憲法違反を云々されるようなものではないし、国会の承認を求める必要もない、と言いわけする根拠にしたのです。

さらにたとえば、日本がアメリカに対しておこなう後方支援について、新ガイドラインは、「戦闘行動が行われている地域とは一線を画される日本の周囲の公海及びその上空において行われることもある」、としています。このような制限をつけるのも、集団的自衛権に関する従来の日本政府の解釈・立場を崩さないための工夫です。

報告は、クリントン政権時代の成果は、あるべき日米協力の出発点にしかすぎない、とする立場です。

報告は、アメリカにとって満足できる日米軍事協力体制は、日本が集団的自衛権に踏みこむことによってのみ実現できる、という認識を明確に述べています。つまり、日本国憲法をのりこえた日米軍事同盟の実現を要求しているのです。

ブッシュ政権（二〇〇一年成立）は、アメリカの世界戦略における日本の重要性をふまえ、アーミテージ報告を基調とする対日政策を追求する構えを明らかにしました。

小泉政権を中心とする日本の保守政治は、アメリカのこの対日要求に全面的に応じることを方針としています。保守政治は、日米安全保障体制を根本的に変質させ、日本がアメリカに対して全面的に軍事協力できる体制をつくることを目的としているのです。また自衛隊に関しては、本格的に海外で武力行使をおこなう軍隊という本質を、むきだしにすることをめざしています。

日米首脳共同声明

こうして新ガイドラインで日本が約束したこととブッシュ政権の対日要求とのあいだには、きわめて大きなギャップがあることが分かります。

アーミテージ報告は、日本が集団的自衛権の行使に踏みこむことにより、アメリカの望む形でこのギャップをうめることを正面から要求するものでした。

集団的自衛権に踏みこまない新ガイドラインによる日米軍事協力の内容は、アメリカにとってはまだほんの出発点にすぎない、ということです。というより、日本国憲法の制約の範囲内における対米軍事協力、という新ガイドラインの出発点そのものをスクラップにすることをアメリカは求めているのです。

二〇〇一年六月に訪米した小泉首相とブッシュ大統領のあいだで、共同声明が発表されました。そこでは、日米軍事協力に関して、次の約束がおこなわれました。

「両首脳は、日米防衛協力のための指針（ガイドライン）の継続的な実施を基礎として、安全保障協力における今後の方途につき、様々なレベルで安全保障協議を強化することを決定した。両首脳は、これらの協議が（中略）…緊急事態における両国の役割及び任務（中略）…に焦点をあてることに留意した」

すでに紹介しましたアーミテージ報告の内容とかさねあわせますと、行間の意味はきわめて明らかです。

すなわち、新ガイドラインの実行を「基礎」とするということは、アーミテージ報告がいう、新ガイドラインは「出発点」である、としていることと一致します。今後の安保協議において

「緊急事態における両国の役割及び任務（中略）…に焦点をあてる」とは、アーミテージ報告が日本に求めた集団的自衛権行使をさしていることは明らかです。

日米共同声明のこのくだりは、集団的自衛権という言葉は使っていません。しかし、この表現をもりこむことによって、小泉首相は、ブッシュ大統領に対して、日本が集団的自衛権を行使する方向に大きく踏みこむことを約束したことは間違いありません。

アーミテージ報告の対日要求は、アメリカ側による一方的なものにすぎませんでした。しかし、日米首脳による共同声明という正式の文書にもりこまれることにより、この要求は、いまや日米共通の認識となったのです。

九・一一事件と日米軍事関係

九・一一事件は、ブッシュ政権が要求する、集団的自衛権にもとづく日米軍事関係を実現するための大きなステップとして利用されることになりました。いわゆるテロ対策特別措置法（特措法）の強行成立と自衛隊の本格的な海外派兵です。

小泉政権は、日米共同声明で対米約束した後、かならずしもアメリカを満足させる具体的な動きを示すことができませんでした。

一つには国内問題に追われたこともあります。しかしより基本的には、集団的自衛権に踏みこみ、憲法問題をまな板にのせるだけの材料を見つけることができなかったので、心ならずも何もできなかった、ということでしょう。

九・一一事件がおこった後、とくに国務省のアーミテージ副長官（アーミテージ報告作成の中心人物）が「旗を見せろ」とせまってから、小泉首相は血相を変えて動きはじめました。アメリカの報復戦争を無条件で全面的に支持しただけではありません。自衛隊を海外派兵して、アメリカの軍事行動を支援するという方針を追求したのです。それが特措法であり、この法律を根拠にした自衛隊の海外派兵でした。

特措法と海外派兵は、事件に対処するための例外的なもの、と受けとめるとしたら、それはとんでもない間違いです。それは、集団的自衛権行使というアメリカの対日要求を実現し、憲法第九条の枠組みを最終的にとりはらうための布石です。

小泉首相にしてみれば、九・一一事件は対米約束を実現するためのこのうえもない好材料、として受けとめられたに違いありません。

事件をリアル・タイムで流したテレビの映像は、日本の圧倒的大多数の国民にとってもたいへんなショックでした。冷静な判断力が奪われました。

その結果、いくつかの世論調査で示されたように、多くの国民は、「アメリカが報復するのはやむをえない」「日本としてもアメリカに協力するべきだ」と反応したのです。小泉首相以下の保守政治は、テロ対策という名目をかかげ、自衛隊の海外派兵による対米軍事協力について、冷静さを失った国民の支持をとりつけることに成功したのです。

しかし、特措法と海外派兵によって、アメリカの対日要求をすべて満たすことになったわけではありません。

特措法およびこれにもとづく海外派兵については、政府はなお、これまで政府がおこなってきた憲法解釈の範囲内のことだ、と強弁しました。

政府の憲法解釈を担当する法制局の津野修長官は、日本として「やらなければいけないと決めた時、一番最初に考えたのは、現在の憲法解釈を一切変更しないということだった」「憲法解釈としては、全然新しいことは付け加えなかった」「九条は個別的自衛権以外の武力行使は認めていない」と述べました（二〇〇一年一一月六日付「朝日新聞」）。

このような中身では、アメリカは満足しません。憲法に足をひっぱられない対米軍事協力を、というのがアメリカの要求なのですから。アメリカからすれば、日本が武力行使をしないことにこだわるのは論外です。文字どおりアメリカの手足になって動く日本となることを求めているのです。

小泉首相をはじめとする保守政治は、こうしたアメリカの対日要求を理解していないはずがありません。全面的な対米軍事協力を実現すること、つまり「憲法第九条の制約をとりはらう」ことは、小泉政権と保守政治の最終目標なのです。保守政治は、特措法成立を突破口にして、いよいよ第九条そのものをまな板にのせることにのりだすのです。

かつて自衛権についておこなわれたように、「憲法第九条は、集団的自衛権行使を禁じていない」という憲法解釈の変更（解釈改憲）がいつおこなわれてもおかしくない危険な状況が出てきました。

第五章　詭弁を弄するだけの日本の安全保障論議

――保守政治はいかに日本を誤らせているか

前章でくわしく述べたように、日本の安全保障の歩みは、アメリカの強い影響のもとで動かされてきました。この章では、アメリカの要求を満足させるために、保守政治が憲法をないがしろにし、安全保障で筋のとおらないことをつみかさねてきたさまを明らかにすることにします。

念のために、あらかじめハッキリさせておきたいことがあります。

日本の安全保障のあり方がアメリカの強い影響のもとで動かされてきたことは、保守政治がしぶしぶアメリカの言いなりになってきたということではありません。むしろ戦後保守政治は、アメリカの要求が自分たちのめざす方向と一致しているために、進んで協力してきたのです。

平和憲法がさし示す日本の平和および安全保障の根本にあるのは、軍国主義による侵略戦争を反省し、二度とその過ちを繰り返さないという決意です。

戦前の軍国主義の思想と体質を受けついだ戦後保守政治は、憲法のこの決意を受けいれることをかたくなに拒否してきました。教科書検定による歴史の書きかえ、首相以下による靖国参拝は、その典型的な表れです。平和憲法をひっくりかえし、日本をふたたび「戦争する国家」にすることは、戦後保守政治の宿願なのです。

保守政治がおこなってきたことは、次のようにまとめることができます。

アメリカの対日要求は、憲法に抵触するものばかりでした。アメリカの要求を受けいれようとすれば、憲法第九条の改定に手をつけなければならなくなります。しかし長いあいだ、憲法改定は政治的に不可能でした。多くの国民が第九条改憲に反対であることは、ハッキリしていたからです。そこで保守政治は、政府の憲法解釈をぎりぎりの線までゆがめるという、苦肉の策によってなんとかしのいできたのです。

日本の民主主義にとって不幸なことは、憲法解釈をいじりまわし、ゆがませる保守政治の手法がまかりとおってしまったことにあります。

テロ対策特別措置法（特措法）についての国会審議では、その手法が、これ以上は無理、ということが誰の目にも明らかになるまでになりました。以前でしたら、国会審議のストップはもちろん、小泉内閣が総辞職においこまれるに違いなかったたぐいの発言が、首相の口からポンポンとびだす異常さでした。

しかし、保守政治の手法には、大きな無理があります。政府のゆがんだ憲法解釈の破たんは見えみえです。国際的に通用しない詭弁・珍弁でおおいつくされています。私がよくいうことですが、国会の論戦を英語に翻訳して放送したら、国際社会は、失笑するに違いありません。失笑だけですむならば、まだいいでしょう。おそらく国際社会は、詭弁・珍弁がまかりとおる日本の異常さに身構えるでしょう。

安全保障は、国家の根幹にかかわる問題です。根幹にかかわる問題を茶番劇にしてしまう日本の政治のあやしさは、国際社会にとって、つかみどころがないばけものとしか映らないからです。その日本は、過去の侵略戦争の責任をいさぎよく認めようとせず、いなおろうとしているのだから、なおさらです。

日本が小国ならば、国際社会は、まだ救われるでしょう。小国がいくら勝手なことをしても、国際社会に大きな迷惑をかけることはすくないからです。

しかし、日本は、世界第二位の経済大国なのです。軍事費も世界有数です。その日本が無責任をきわめる安全保障論議をしている真相が分かったら、国際社会はふるえあがるに違いありません。

しかも、保守政治はいまや、これまでの憲法解釈を変更し、第九条を実質的に改定すること（解釈改憲）にまで手をのばそうとしています。つまり、集団的自衛権の行使は第九条のもとでは認められないとしてきた解釈を、認められると「解釈」してしまおうとする動きです。無理な憲法解釈をつみかさねてきた破たんと行きづまりは、保守政治の目にも明らかになっているのです。

政府・与党が特措法を強行したことに対し、解釈改憲を主張する自由党が「憲法違反そのもの」（二〇〇一年一一月一日付「朝日新聞」にのった小沢一郎党首発言）と決めつけたのは、その意味で象徴的ですらありました。

以下では、保守政治がアメリカの言いなりになるために、政府がどれほど乱暴な憲法解釈をしてきたか、を確認します。

これまでに、在日アメリカ軍が憲法の禁じる戦力にあたる、という問題はとりあげました。自衛権と憲法の関係、自衛隊の合憲性、安保条約の事前協議の問題も扱いました。ここでは、政府の憲法解釈の異様さがきわだっている問題をとりあげます。

1　海外派兵と海外派遣

自衛隊の海外派兵と海外派遣とは違うものだ、といきなりいわれたら、常識の持ち主であれば反応に困るでしょう。しかし日本の政治では、このような主張がおこなわれてきたのです。どうしてそんなことが議論されることになったのでしょうか。それは、保守政治が早くから、自衛隊の海外出動は憲法違反ではない、というための抜け道をつくっておきたいと考えたからです。

その抜け道の論法は、自衛隊を平和維持活動（ＰＫＯ）に派遣することが現実の政治問題となったときに、最大限に利用されました。特措法のときは、もっと手のこんだ形をとりましたが、基本的には同じ考え方がつらぬかれました。

海外派兵に関する政府の憲法解釈

政府はこれまで、海外派兵について、

「武力行使の目的をもって武装した部隊を他国の領土、領海、領空に派遣すること」と定義しています。そして、そのような海外派兵は、

「自衛のための必要最小限度を超えるもの」

であるから、憲法上許されない、と説明してきました。政府の憲法解釈でも、海外派兵は憲法違反、と認めていることをとりあえず確認できます。

しかし政府は、この憲法解釈から、健全な常識の持ち主には理解不能な理屈を考えだすのです。

まず出てくるのは、武力行使を目的としなければ憲法違反とはいえない、とする主張です。

「武力行使の目的をもたないで部隊を海外へ派遣することは、憲法上許されないわけではない」(一九八〇年一〇月二八日の統一見解)

としたのです。つまり、武力行使を目的とするか目的としないかを目安にして、違憲の海外派兵と合憲の海外派遣とを区別するのです。こうして、自衛隊の海外出動を正当とする憲法解釈がひねりだされました。

政府は、国連の軍事活動に自衛隊を派遣することについても、この解釈を当然のごとく適用します。すなわち、国連の軍事活動の、

「目的・任務が武力行使を伴うものであれば、自衛隊がこれに参加することは憲法上許されな

い」(同前)
しかし、
「目的・任務が武力行使を伴わないものであれば、自衛隊がこれに参加することは憲法上許されないわけではない」(同前)
とするのです。政府解釈は、国連の軍事活動にはPKOも含まれる、としています。
この政府解釈は、湾岸戦争直後に、海上自衛隊の掃海艇をペルシャ湾に派遣したときにも使われました。掃海艇派遣は、
「正式停戦が成立し、湾岸に平和が回復した状況の下で、わが国船舶の航行の安全を確保するため、海上に遺棄されたと認められる機雷を除去するものであり、武力行使の目的をもつものではなく、これは、憲法の禁止する海外派兵に当たるものではない」(一九九一年四月二四日の閣議決定)
としたのです。
特措法のときはさらに手のこんだ論法がとられました。政府は、特措法にもとづく自衛隊の海外出動については、武力行使を目的とするものではないのだから、憲法の禁じる海外派兵ではない、という従来の論法に立っていたことが明らかです。そのことは、
「現在の憲法解釈をいっさい変更しないということ(中略)…を前提に法案をつくった」

という津野・内閣法制局長官の発言でも明らかです（第四章参照）。

ただし、その論法を機械的に繰り返すことはしませんでした。特措法にもとづく自衛隊の海外出動の目的が武力行使ではない別のものにある、という論法をとったのです。

たとえば小泉首相は、法案が国会に提出される前の段階で早くもこう言いました。

「国際社会の中で、国際協調のもと、どのように自由と平和と民主主義を守るためにこの問題に対処するかという観点から、（中略）…日本の憲法の範囲内でできる限りの支援、協力を（中略）…やっていかなきゃならない」

「新たな法律によって自衛隊に対して新たな任務を与えることも必要ではないか」（二〇〇一年一〇月二日の衆議院本会議での答弁）

自衛隊の任務（つまり海外出動の目的）は国際支援・協力であって、武力行使ではない、としたのです。この論法は、特措法でさらに突きつめられました。

特措法の正式な名称は、「平成十三年九月十一日のアメリカ合衆国において発生したテロリストによる攻撃等に対応して行われる国際連合憲章の目的達成のための諸外国の活動に対して我が国が実施する措置及び関連する国際連合決議等に基づく人道的措置に関する特別措置法」です。

じつに長ったらしい名前です。それはともかくとして、政府の論法の中心にあるのは、「国際連合憲章の目的達成のための諸外国の活動」に対して日本が協力するための措置として、自衛隊の海外出動を位置づけるということです。

しかし、国際協力、国連憲章の目的実現を目的とするものであっても、武力行使を目的とする場合もありうるわけです。そういう批判が出ることを念頭において、小泉首相は、ことあるごとに「武力行使はしない」という発言を数かぎりなく繰り返しました。武力行使ではない国際協力、というわけです。

政府の以上の憲法解釈が、すでに一九八〇年という早い時期に出されていたことに注意しましょう。自衛隊のPKO派遣に関する法律（PKO協力法）が成立したのは、九二年のことです。八〇年当時には、自衛隊のPKO派遣はまだ現実の問題とはなっていませんでした。ところが政府は、先の先におこりうることまで考えて、抜け道づくりをしていた、というわけです。もっとも、政府がいつも用意周到というわけではありません。むしろ、現実のやむをえない必要にせまられて、苦しまぎれの憲法解釈をあみだすケースが多いのです。そのことは、以下に述べることで明らかになります。

政府解釈の問題点

違憲の海外派兵と合憲の海外派遣を、武力行使を目的・任務とするかどうかによって区別しようとする政府の憲法解釈は、いかにもおかしい、と思いませんか。

国連憲章は、戦争にかぎらず広く武力の行使そのものを禁止しているのです（第三章参照）。国連憲章にてらしあわせるだけでも、政府解釈のあやうさが浮きぼりになってくるのです。

政府解釈は、ほかの問題に関する政府自身の憲法解釈との関係でも問題があります。自衛権行使は合憲、とした政府解釈を思いおこしてください。そこでは、自衛権行使としての武力行使と国際紛争を解決する手段としての武力行使とを区別し、前者は合憲、後者は違憲としていました。つまり政府解釈そのものが、武力行使でも合憲の場合と違憲の場合がある、とする立場をとっているのです。

どうして海外派兵の問題になると、武力行使を目的とするかどうかが基準になってしまうのでしょうか。政府はこれまで、そのことについて納得のいく説明をしていません。

とりあえず政府解釈にしたがえば、自衛権行使として憲法上認められる武力行使には、憲法違反の海外派兵を含みません。武力行使に関する政府解釈で問題として残るのは、国際紛争を解決する手段としての武力行使は憲法違反、とする部分です。

国連のＰＫＯ活動は、国際紛争を解決する国連の努力を支える軍事活動です（第三章参照）。停戦維持が目的ですが、停戦が破れた場合には、国際紛争を解決する手段としての武力行使がおこなわれることは当然予定されているし、実際にそうなったことはあるのです。

これまでの政府解釈にしたがえば、ＰＫＯに自衛隊が参加することは憲法違反として許されない、という結論しか出てこないはずなのです。

しかし保守政治のもとでは、自衛隊がＰＫＯに参加する可能性を残しておく、という政策が先にありました。政府としては、憲法違反だからダメです、とは口が裂けても言えないのです。ＰＫＯ参加は憲法違反ではない、と言いぬける理屈をどうしても探しださなければならない、ということです。

政府が着目したのは、ＰＫＯは普通の軍事行動とは違う、ということだったのではないでしょうか。

たしかに、ＰＫＯは停戦維持が主な目的で、多くの場合は、武力行使そのものを目的や任務としているわけではありません。国際紛争を解決する手段ではありますが、ほとんどの場合、武力行使を目的とはしていない。そういう活動に参加することは憲法違反ではない、とする理屈をつければいい、と政府は考えたに違いありません。

それが、武力行使を目的・任務とするかどうかによって、違憲の海外派兵と合憲の海外派遣を分ける、とする解釈を生みだしたのだ、と考えられます。

政府の憲法解釈をあえて整理すると、こうなります。

まず、自衛権行使か国際紛争を解決する手段かで、合憲の武力行使と違憲の武力行使に分ける。しかし、後の武力行使のすべては違憲、というわけではない。というのは、武力行使のなかにも、武力行使を目的・任務にするものと、武力行使以外のことを目的・任務にするもの、の違いはあるからだ。前者は違憲だが、後者は違憲といえない。

以上の議論についていけるものがいるでしょうか。どうして、こんなことになってしまうのでしょうか。

原因はハッキリしています。保守政治は、憲法第九条を守る気持ちをもっていないからなのです。ズバリ言えば、海外派兵したいからです。第九条を守る気持ちがあれば、こんなばかげた議論に熱中する気持ちはおこらないはずでしょう。

政府の憲法解釈のあやしさ、常識はずれのほどを理解するには、格好な材料があります。一九五四年に参議院がおこなった「自衛隊の海外出動を為さざることに関する決議」です。その全文は、こうです。

「本院は、自衛隊の創設に際し、現行憲法の条章と、わが国民の熾烈なる平和愛好精神に照らし、海外出動は、これを行わないことを、茲（ここ）に改めて確認する」

自衛隊が違憲か合憲かの議論をひとまずおいておけば、この国会決議のメッセージは明快です。憲法の規定・精神をふまえるかぎり、自衛隊の海外出動はいかなる形でもおこなわない。ありえない。これが、素直な憲法解釈というものです。

2　武力行使と武器使用

武力行使と武器使用を区別する、とする政府の憲法解釈は、いわゆるＰＫＯ協力法との関連のなかで出てきました。

法律は、自衛隊が武装してＰＫＯに参加する、としています。それは、百歩ゆずって政府の憲法解釈にしたがっても、憲法が禁止する海外派兵ではないか。常識があるものであれば、そう理解するほかないでしょう。

しかしここでも、武装した自衛隊をＰＫＯに派遣する、とする保守政治の政治決定が先にありました。政府はふたたび、それまでの憲法解釈と矛盾しない解釈で、この政治決定は合憲、といわなければなりませんでした。

そこで出てきたのが、違憲の武力行使と合憲の武器使用、という詭弁・珍弁でした。この詭弁・珍弁は、特措法の際にも繰り返されました。

武力行使に関する政府の憲法解釈

すこし長くて、いかめしい内容ですが、政府の統一見解（一九九一年九月二七日）をまず紹介します。

統一見解は、憲法第九条の「武力の行使」とは、「我が国の物的・人的組織体による国際的な武力紛争の一環としての戦闘行為」をさす、とします。

これに対して、ＰＫＯ協力法の「武器の使用」とは、「火器、火薬類、刀剣類その他直接人を殺傷し、又は武力闘争の手段として物を破壊することを目的とする機械、器具、装置をそのものの本来の用途に従って用いること」をいう、と定義しています。ここでは、わけが分からない定義に足を突っこむことはやめましょう。

政府のねらいは、自衛隊が武装して海外にいくことは憲法違反ではない、と言いはるための根拠づくりです。そのためにわざわざ、ＰＫＯ協力法では「武器の使用」という表現をもってきたのです。

つまり、ＰＫＯ協力法の「武器の使用」は第九条が禁じる「武力の行使」にはあたらず、憲法違反ではない、とすることにねらいがあります。

統一見解は、次のように主張します。

「武力の行使」は、「武器の使用」を含む。しかし、「武器の使用」がすべて「武力の行使」にあたる、とはいえない。

「例えば、生命又は身体を防衛することは、いわば自己保存のための自然権的権利というべきものであるから、そのために必要最小限の『武器の使用』は、憲法第九条第一項で禁止された『武力の行使』には当たらない」

とするのです。その後の国会の論戦において、「自然権的な権利」とは、具体的には刑法でいう正当防衛、緊急避難のことだと説明されました。

政府解釈のおかしさ

たしかに、刑法で認められる範囲にとどまるかぎり、武器使用は憲法違反ではない、という理屈はなりたつかもしれません。しかし、結論を出すのは、まだ早いのです。

国会でＰＫＯ協力法を審議しているなかで、政府の説明が憲法違反ではないと言いぬけるためだけにあみだされたものであることが、すでに明らかになっていました。ＰＫＯに参加した自衛隊が戦闘にまきこまれたときにはどうなるのか、という問題が議論されたときです。

議論をつうじて、武器使用は正当防衛、緊急避難にあたる場合にかぎって認めるということになると、じつは大変なことになることは明らかでした。

正当防衛や緊急避難にあたるかどうかは、武器を使用する隊員が勝手に決めることではありません。隊員の武器使用が過剰防衛であれば、隊員は犯罪者として、刑法上の責任を問われることになります。

国会の質疑において、政府はそういうことになることを認めました。憲法違反の武力行使ではないと言いはるために、一人一人の自衛隊員に責任をおしつけたのです。

もっと本質的な問題があります。

戦闘にまきこまれるのは、一人一人の隊員ではありません。部隊そのものが攻撃にまきこまれることが多いわけです。戦闘になったら、自衛隊は、組織として行動することが至上命令になります。そのときにもなお、隊員が一人一人の判断にもとづいて行動したら、とんでもない混乱におちいることは目に見えています。

そのような事態に直面したら、部隊として行動する以外にないことはハッキリしています。それは、憲法が禁止する武力行使以外のなにものでもありません。

その点を追及された政府はなお、武器を使用するかどうかは、一人一人の隊員の判断であり、隊長が命令することはありえない。しかし、武器を使用しないように彼らの行動を「束ねる」ことはある、と逃げました。これが、国会の質疑で現実にあったことなのです。

PKO協力法を審議した一九九一年当時の国会では、政府は、あくまで個人による武器使用という議論にこだわったのですが、その議論があまりにも無理であることは見えみえでした。

そこで政府は、一九九八年にPKO協力法を改定し、武器の使用は「当該現場に上官が在るときは、その命令によらなければならない」(PKO協力法第二四条四)という規定を強引にもりこみました。

上官の命令による武器使用とは、まさに部隊としての行動です。武力行使そのものなのです。それは、一九九一年当時の政府自らの議論を否定するものでした。

この法改定については、国会の審議でも厳しい追及がありました。それに対して政府は、次のように強弁して、あくまで自然権的権利の範囲内のことであり、武力行使ではない、としたのです(一九九八年五月七日の衆議院安全保障委員会における政府答弁のまとめ)。

自衛隊という集団を、部隊としてとらえるのではなく、生命身体について共通の危険にさらされる状況にある場にともにいる集団、としてとらえる。その集団が共通の危険にさらされたときに、その集団として生命身体の防護をはかる。集団でいるときには、上官の命令によって行動するほうが混乱をまねかず、より適切な対応ができる。それは、あくまでも個人の生命身体を防護するための武器使用であり、より適正な武器の使用ができるようにするために上官の命令によることにした、ということだ。そのことは、任務を遂行するための部隊行動(つまり武力行使)と同一視することはできない。

ちなみに、政府の主張にしたがうときには、それまでは自衛隊員一人一人が過剰防衛になる場合の法的責任を負うことになっていましたが、この法改正によって、その責任は基本的に命令する上官が負わされることになります。政府もそのことを認めました。

自然権的権利の行使としての武器使用は憲法違反ではない、とする政府の主張には、もう一つ大きな問題があります。それは、武器使用によって守られる者の範囲です。

前に紹介した政府の統一見解では、「自己又は自己と共に現場に所在する我が国要員」とされていました。ところが、その範囲がなし崩し的に広げられているのです。

すなわち、PKO協力法（第二四条三）のときは、自衛隊員、自衛隊員とともに現場にいる他の自衛隊員もしくは平和協力隊員、とされていました。ところが自衛隊法（第一〇〇条の八第三項）では、自衛隊員、自衛隊員とともに日本人の輸送にあたっている他の隊員に加え、自衛隊員の保護の下に入った日本人や外国人までもが含まれることになりました。

そして特措法（第一二条第一項）では、自衛隊員、ともに現場にいる他の隊員だけではなく、自衛隊員の管理の下に入った者も含まれることにされたのです。

「管理の下に入った者」については、次の説明がありました（二〇〇一年一〇月一一日の福田官房長官答弁）。

宿泊地で自衛隊の診療所にある患者である外国人。外国の兵員とか被災民。医療補助者である現地スタッフ。自衛隊の宿営地にある現地機関や外国軍隊の連絡要員、視察者、報道関係者。

輸送中に保護を要することになる対象者。自衛官が車両に同乗させている視察者や報道関係者。特措法で含まれることにされた「(自衛隊員の)管理の下に入った者」を守るためにも武器使用ができるというのは、とても自然権の範囲には含まれないのではないか、という当然の指摘がありました。しかし政府は、

「自衛官とともに共通の危険にさらされた場合に、その現場におきまして、その生命、身体の安全確保につきまして自衛官の指示に従うことが期待されるというような関係にあるときにおきましては、当該自衛官において自己とともにその者の生命または身体を防護するために武器を使用することは、なおいわば自己保存のための自然権的権利というべきもの」(二〇〇一年一〇月一一日の津野・内閣法制局長官答弁)

と強弁するだけでした。

武器使用と武力行使を区別しようとする政府の主張は、このように矛盾だらけなのです。

不審船事件と武力行使

憲法違反の武力行使として、どうしても触れておかなければならない問題があります。

一九九九年におこったいわゆる不審船事件は、憲法違反の武力行使との関連で、重大な問題があります。一つは、事件に際して、海上自衛隊が不審船に対して発砲したことです。もう一

つは、この既成事実を正当化する法律の改定がおこなわれたことです。

不審船事件では、日本の領海にはいった不審船を追跡した海上自衛隊の艦船が、不審船を停止させようとして、実弾射撃をおこないました。不審船は停止せず、また反撃もせず、ひたすら追跡をふりきって逃げました。

当時国内では、もっぱら不審船の行動に批判が集中して、自衛隊の発砲の重大さには、ほとんど注意が向きませんでした。しかし、不審船が先に発砲していたのならばともかく、ただ逃げまわった不審船に対して自衛隊艦船が一方的に発砲したのです。とても自衛権の行使ということで説明できるものではありません。侵略されてもいない平時に一方的に発砲することは、どう見ても、自衛権行使にはあてはまらないはずです。また、自然権としての武器使用でないことも明らかです。

想像したくもないことですが、かりにこの不審船が反撃していたら、どうなってしまっていたでしょうか。最悪の場合、そのまま戦争になってしまう危険だってあったわけです。私はこの事件を知ったとき、そくざに日中戦争の発端になった盧溝橋事件のことを連想してしまいました。

じつはこのときの日本の動きは、アメリカでも深刻に受けとめられていたのです。

一九九九年五月にアメリカ政府と外部の専門家が日本問題について議論した内容が、アメリカの国家情報協議会が出した「進みつつある日本の戦略的計算」という題名の報告にまとめられています。

そのなかでは、安全保障の分野で日米両国がたがいに離れてしまう可能性があるという認識が示されました。報告は、そのことを示唆するのは日本が自己主張を強めていることだとして、アメリカは注意していかなければならないと指摘しました。

日本が自己主張を強めている事例として報告が指摘したなかに、不審船を追跡した海上自衛隊による発砲があげられているのです。

ちなみに、アメリカが注意しなければならない日本の自己主張の傾向を示すほかの事例としては、一九九八年に中国の江沢民主席が訪日した際に、小渕首相（当時）が歴史問題で強硬な姿勢をとったこと、九八年に北朝鮮がミサイルを打ち上げたことをきっかけに、日本が独自の偵察衛星を開発する決定をおこなったこと、アメリカの希望に反して二〇〇〇年のサミットを沖縄で開催することを決定したこと、があげられていました。

アメリカは、自分が戦争をすると決めたときには、日本に有無をいわせず協力させることを考えます。しかし、アメリカがその気持ちがないのに、日本が一人歩き（不審船に対する発砲）して、その結果戦争にまきこまれることを受けいれるつもりはないのです。報告は、アメリカ側の不快感をにじませるものでした。

私は事件当初、この発砲はアメリカが了承したうえのことだと思っていました。しかしこの報告を読むかぎり、日本の単独行動だった可能性があります。そうであるとすればなおのこと、この事件を軽く見ることはできません。

保守政治は、国内世論がこの問題に厳しい目を向けなかったことを背景に、さらに一歩を進めました。

いわゆるテロ対策の一環として、特措法とともに、不審船に対する発砲を認める法律（海上保安庁法の一部を改正する法律）を成立させたのです。事件のときに、武器使用の基準があいまいだったために不審船をとらえることができなかったので、その基準をハッキリさせるというのです。具体的には、危害射撃を可能にする規定がもうけられました。

「危害射撃」というのは、分かりやすい例でいえば、警察官が職務をおこなっているときに、やむをえずピストルを撃つ（武器を使用する）ことです。より専門的には、

「正当防衛あるいは重大凶悪犯罪の既遂犯に対する対応は危害を与えても刑事的に免責をされるという意味」（二〇〇一年一〇月二五日の縄野・海上保安庁長官答弁）

と説明されました。海上の警察機関である海上保安庁が、不審船をとめることを目的としておこなう発砲（武器使用）は、一定の条件を満たせば、危害射撃として認められる（結果として相手を撃沈しても責任を問われない）というのです。

しかし、以上の海上保安庁の行動では対処できなくなる場合には、領域警備である海上警備行動によって自衛隊が対処することになる、とも説明されました。「領域警備」とは、戦争状態ではない平時に、自衛隊が出動して領土・領海の治安維持にあたること、をいいます。不審船事件に際しての海上自衛隊の行動は、領域警備である海上警備行動、と位置づけられていま す。

私は、危害射撃を正当とする政府の主張は、武力行使を武器使用というのと同じ問題があると思います。つまり、国際的な理解・認識をふまえて扱わなければならないことがらを、強引に国内的な理解・認識をあてはめておしとおす、という手法です。

憲法が禁止する武力行使ではないと言いわけするために、武器使用については自然権をもちだし、不審船に対する発砲については危害射撃をもちだす。しかし相手から見れば、武力行使であることには変わりはないのです。そういうものとして相手が対抗してきたら、それまでのことです。

二〇〇一年一二月二二日に、私が恐れることが、早くも現実になってしまいました。奄美大《あまみおお》島《しま》沖で発見された不審船に対し、海上保安庁の巡視船が停船命令を出し、これに応じなかった不審船に船体射撃をおこない、相手の反撃に対抗してこの船を撃沈したのです。まさに戦闘がおこったのです。

事件の詳細は不明なところが多いのですが、海上保安庁の行動には重大な問題があります。不審船に対する射撃を認めた法律でも、その船舶が「航行を内水又は領海において現に行っている」場合に限って射撃を認めているのです。今回の事件では、不審船が発見されたのは領海外だったことは、政府も認めています。しかも、射撃をしかけたのは巡視船でした。

政府はいろいろ理由をつけて、その行動を正当化しようとしています。それだけではありません。この事件をも口実にして、本格的な国内有事法の制定をすすめる構えを強めることになりました。「戦争する国」に向けてまっしぐらなのです。

3 集団的自衛権にかかわる問題

集団的自衛権に関する政府の憲法解釈は、一見明確です。それは、他衛を本質とするいわゆる集団的自衛権の行使は、憲法第九条のもとでは認められない、とするものです。この解釈は、集団的自衛権の本質（第二章参照）をふまえたもの、といえます。

しかし実際には、アメリカが対日軍事要求をエスカレートするにしたがって、保守政治は、集団的自衛権を禁止する第九条をなんとかしたい、と動いています。

アメリカと保守政治の圧力に直面して、政府は、これまでの憲法解釈を維持することがますます困難になっているのです。

集団的自衛権に関する政府の憲法解釈

政府の集団的自衛権に関する憲法解釈は、次のとおりです。

まず集団的自衛権について、

「自国と密接な関係にある外国に対する武力攻撃を、自国が攻撃されていないにもかかわらず、実力をもって阻止する権利」(一九八一年五月二九日の政府答弁書)

と定義します。そして国際法上、国家はこの権利をもっているのであるから、日本がこの権利を有していることは当然、とします。しかし、

「憲法第九条の下において許容されている自衛権の行使は、わが国を防衛するため必要最小限度の範囲にとどまるべきものであると解しており、集団的自衛権を行使することは、その範囲を超えるものであって、憲法上許されていない」(同前)

とするのです。前に言いましたように、権利と権利の行使とを区別する議論です。

集団的自衛権の行使は憲法上認められない、とする点については、政府はさらにくわしい説明をおこなったことがあります。

すなわち、憲法が自衛権行使(自衛のための措置)を認めているとしたうえで、次のように述べました。この説明は、憲法の平和主義をふまえれば、集団的自衛権の行使は違憲、とする結論以外にないことを、政府も認めるほかなかったことを示すものです。長くなりますが、そのまま引用します。

「平和主義をその基本原則とする憲法が、自衛のための措置を無制限に認めているとは解されないのであって、それは、あくまでも他国の武力攻撃によって国民の生命、自由及び幸福追求

の権利が根底からくつがえされるという急迫、不正の事態に対処し、国民のこれらの権利を守るための止むを得ない措置として、はじめて容認されるものであるから、その措置は、右の事態を排除するためとられるべき必要最小限度の範囲にとどまるべきものである。そうだとすれば、わが憲法の下で、武力行使を行うことが許されるのは、わが国に対する急迫、不正の侵害に対処する場合に限られるのであって、したがって、他国に加えられた武力攻撃を阻止することをその内容とするいわゆる集団的自衛権の行使は、憲法上許されないといわざるを得ない」（一九七二年一〇月一四日の参議院決算委員会提出資料）

要するに、憲法の平和主義にもとづくかぎり、自衛権の行使についても厳しい限界がある。自衛ではなく他衛を本質とする集団的自衛権行使は認められない、としているのです。

だから政府は、いったん他国が武力攻撃を受けた後であっても、集団的自衛権を行使できるということはありえない、とハッキリ認識しています。

しかし実際には、日米安全保障関係の歴史は集団的自衛権行使のなし崩し的なつみかさねの歴史でもありました。

アメリカ軍の駐留を認め、日本の基地からの軍事行動を認めることが集団的自衛権の行使にほかならないことは、九・一一事件の後、北大西洋条約機構（ＮＡＴＯ）諸国が集団的自衛権の行使としてアメリカに基地使用や領空通過を認めたことで、国際的に改めて確認されました。

政府がなんと強弁しようと、日米安全保障条約そのものが集団的自衛権の行使を前提にしているのです。

「武力行使との一体化」の有無という憲法解釈

政府の憲法解釈は、早くから試練にさらされてきました。

たとえば、攻撃されているアメリカの艦船がある場合に、日本は何もしないのか。アメリカの艦船が日本の海峡を封鎖する軍事行動をとる場合に、日本はどう対応するのか、などなど。これらの質問に対する政府の答えは、およそまともではなく、苦しまぎれの珍答弁というしかないものでした。

そういう珍答弁のなかから生みだされたものの一つが、武力行使との一体性、という議論です。政府の説明によれば、この考え方は一九七六年ころからのものだということですが、政府が本格的にこの見解にもとづいて集団的自衛権に関する憲法解釈をおこなうようになったのは、自衛隊のPKO参加問題が国会で論議されて以来のことです。

他国に加えられた武力攻撃を阻止する武力行使をおこなうことは、集団的自衛権の行使になるから、できない。しかし、ほかの国がそういう武力行使をおこなうときに、日本が何もしないわけにはいかない。では、何ができて、何ができないのか。できることとできないことの境界は何か。政府は、なんとか軍事行動の幅を広げるために、このように話をもっていきました。

ここでもふたたび、アメリカの要求があれば軍事的に何かしなければならない、とする保守政治の政治判断が先にあります。その政治判断を満足させるために、憲法解釈をなんとかする、いまやお決まりのだんどりです。

答えとして政府が用意したのは、ほかの国がおこなっている武力行使と一体のものと見なされることはできないが、一体とは見なされないことはできる、とする主張でした。

たとえば、現実に戦闘がおこなわれているところへ武器弾薬を輸送するようなことは、集団的自衛権の行使と見なされるから、できない。しかし、戦闘がおこなわれているところから一線を画されるところで、そういうことをおこなっても、集団的自衛権の行使にはならず、憲法違反にはならない、とする理屈です。

武力行使との一体化に関する憲法解釈のいいかげんさは、新ガイドラインにもとづく対米軍事協力について論議した国会の場で、改めて明らかになりました。

新ガイドラインにもとづく日本の対米協力、とくにいわゆる周辺事態に際しての後方地域支援としては、補給、輸送、整備、衛生、施設などがあげられています。

政府の解釈にしたがえば、たとえば、次のようになるのです。

アメリカの第七艦隊が、台湾有事で台湾に出動する。海上自衛隊は、第七艦隊に補給と輸送をすることを求められる。戦闘がおこなわれている台湾のあたりで補給、輸送をすることは、アメリカの軍事行動と一体化すると見なされるので、できない。しかし、日本近海で補給、輸送をすることは、一体化とは見なされないので、できる。

こんな理屈は、国際的にとおるわけがありません。日本がアメリカに軍事協力しなければ、アメリカは戦争を続けることはできません。日本が軍事協力をしなければ、アメリカは、中国に戦争をしかけることさえ思いとどまらなければならなくなります。

集団的自衛権という問題は、日本が対米軍事協力をするか、しないかを基準にして判断されることがらです。どこで協力するか、ということではありえないのです。攻撃される中国にしてみれば、アメリカに協力する日本も侵略者であることに変わりはありません。

特措法と「一体化」論

政府は、九・一一事件を受けて、主に対米軍事協力をおこなうための自衛隊の海外出動を目的とするテロ対策特別措置法を成立させましたが、このとき改めて、集団的自衛権の問題が焦点になりました。ここではいまや、武力行使との一体化というこれまでの説明自体がじゃまになったのです。たしかに政府は、

「テロに対する対応について（中略）…、基本的に、憲法解釈、今までの政府の見解を踏襲し

たい。その上で、現行法では対処できない場合がある」

ので、

「新しい法律を制定する必要がある」（二〇〇一年一〇月四日の小泉首相発言）

という基本姿勢をうちだしました。そして自衛隊の活動について、武力行使にあたらないこと、活動の場所については、戦闘行為がおこなわれておらず、活動期間をつうじて戦闘行為がおこなわれないと認められる地域に限定する、という方針を明らかにしたのです（同前）。

武力行使はしない。戦闘地域では活動しない。だから憲法の範囲内だ。小泉首相は、もっぱらこの議論でおしとおすことになりました。

武力行使をしないと小泉首相が力説したのには、わけがありました。小泉首相は、特措法を審議した国会で次のように述べています。

「日本は武力行使をしないんですよ。個別自衛権、集団自衛権の問題は、武力行使をする場合のことでしょう。（中略）…テロ根絶、テロ抑止のために支援、協力態勢をつくるというのが今考えている新法の考え方である」（同前）

「今回の新法の趣旨は、テロにどのように対応するか、そういう法律であります。個別自衛権とか集団自衛権、武力行使しないんですから、そういう問題じゃないんですよ」（同年一〇月五日）

「アメリカは個別自衛権でこのテロとの闘いに向かっている。日本は集団的自衛権でもない、個別自衛権でもない、国際協調だ」(同年一〇月一二日)

「国際協調という精神と、憲法九条における武力行使はしない、その中でできるだけの支援、協力をしようというのが本法案の趣旨」(同年一〇月一一日)

つまり、武力行使はしないということによって、特措法は憲法違反という批判を入り口で封じる。また、集団的自衛権の問題も武力行使とのかかわりで問題になるわけだから、武力行使はしないと言いきることで、特措法を集団的自衛権とのかかわりで批判する動きに対抗する。特措法では海外出動する自衛隊は武力行使をすることも予定しているが、その問題については、すでに述べたように、自然権的権利の行使としての武器使用ということで言いぬける、ということなのです。

武力行使との一体化という問題との関連でカギとなるのは、戦闘地域では活動しない、という点でした。

特措法が予定する武器や弾薬の輸送は武力行使と一体ではないか、という批判に対して、防衛庁の中谷長官は、実施する地域を戦闘地域以外に限定しているので武力行使との一体化という問題はおこらない、と答えました(同年一〇月五日)。捜索救助活動についても、戦闘地域以外でやるから問題はない、としました(同年一〇月一二日)。

しかし、戦闘地域という考え方のあやしさは、国会審議のなかで浮きぼりにされました。洋上からアフガニスタンにミサイルを発射する艦船は戦闘地域ではないか、という問題提起に対し、中谷長官は、

「国際紛争の一環として行われる人を殺傷し物を破壊する行為、その行為自体が行われていないわけでありましたら」(同年一〇月一五日)

戦闘地域にはあたらない、と答えたのです。

法制局の津野長官は、あわてて中谷長官の発言を全面的に訂正しました。すなわち、

「(戦闘地域かどうかが問題になるのは)その戦闘を行っている諸外国の軍隊等に対して行われる我が国の自衛隊の協力支援活動が当該戦闘行動と一体化するものとして評価されるかどうかというような点にあります以上は、この現に戦闘行為が行われている地域に該当するかどうかの判断に当たりましては、結果の発生地だけではなく、戦闘行為を総合的にとらえる必要がある」(同年一〇月一六日)

と述べたのです。つまり、ミサイルを発射する艦船も戦闘地域に含まれる、したがってそういう艦船に対する武器弾薬などの輸送は武力行使と一体化する、ということでした。

以上の経緯を受けて、小泉首相は、アメリカ軍の艦船がミサイルの発射をおこなった場合、「そこで実施される活動の期間を通じて戦闘行為が行われることがないと認められるかどうか

を総合的に分析して、その時点で支援協力活動を開始、または継続する可能性を慎重に判断してまいりたい」(同年一〇月一九日)

と発言しました。

私は、以上の経緯を正確に理解してほしいと思って、紹介したわけではありません。それよりも、憲法違反のことをやろうとしながら、そういう批判を言いのがれるだけのために、政府がいかにごまかしの議論をすることにきゅうきゅうとしているか、を分かってほしいのです。こういうやり方がまかり通ってしまったことが、戦後日本の安全保障のあり方について、私たちの健全な思考をさまたげてきたと思います。

ちなみに小泉首相は、意識的に「一体化」の議論を避けようとしたふしがあります。特措法の審議において一体化について言及したのはわずかでした。むしろ、

「武力行使と一体化の議論を始めますと、それは延々と切りがない部分があります」(同年一〇月一二日)

という発言に本音が出たと思われます。そして、

「我々は、物資の輸送、武器でも弾薬でも武力行使に入らないと解釈しているわけです」(同前)

とするように、武力行使はしないからいいのだ、の一点張りでした。

4　特措法における異常事態

テロ対策特別措置法（特措法）を審議した国会における小泉首相の発言は、異常をきわめました。

これまで述べたことから分かりますように、憲法解釈をゆがめてきたのは、戦後保守政治のもとにあった政府の安全保障政策です。ところが小泉首相は、前文と第九条のあいだにはすき間があるといって、憲法に責任をおしつけました。また、政府自らがこれまでつみかさねてきた、ゆがみきった憲法解釈をもまな板にのせる始末でした。

そのうえで小泉首相は、特措法はそういうなかで知恵を出したものだ、と言ったのです。特措法は憲法違反であり、集団的自衛権行使は憲法違反という解釈を変えたうえで法律をつくるべきだという主張に対して、小泉首相は、いまはそういう状況にないとしつつ、今後の課題としては大いに議論することだと応じました。集団的自衛権をめぐる解釈改憲が国会の場で公然と議論される状況になったのです。

ほんとうに深刻な事態です。小泉首相の発言は、かつてであれば、間違いなく内閣総辞職につながるものでした。私がそら恐ろしくなったのは、それだけの発言がポンポンとびだしても、国会の審議はストップせず、マスコミも見すごしてしまったことでした。

安全保障のあり方だけではなく、日本の民主主義そのものの危機を感じます。

従来の政府の憲法解釈と小泉首相

小泉首相がそれまでの政府の憲法解釈を平然とあざける態度は、自衛隊は憲法が禁じる戦力ではない、という長年にわたる政府の立場をまな板にのせたことに端的に表れました。小泉首相は、

「常識的に考えれば戦力でしょう。ところが、定義、法的定義によって戦力じゃないと定義しているんです、日本では。これが、世界の常識に合わせろというと、常識的でない面もあるんですよ（中略）…。そこが、憲法解釈に幅がある、すき間があると言っているゆえんなんですよ」（二〇〇一年一〇月一六日）

と言いきったのです。

小泉首相はさらに次のようにも発言しました。

「一般国民から考えれば、自衛隊は戦力だと思っているでしょう。しかし、憲法上の規定では

戦力じゃないんですよ。ここが日本憲法の難しさ。（中略）…国民的常識で見れば自衛隊はだれが見ても戦力を持っていると見ているでしょう。今まで総理大臣はこういう答弁したかったんですよ。建前ばかりに終始して。そういう建前じゃいけない、本音で議論しようと、本音で。（中略）…私は、そういう意味において、国民の常識と違うじゃないかと言うから、憲法そのものも国際常識に合わないところあるんですよ」（同年一〇月二三日）

客観的に見れば、小泉首相の発言は、安全保障にかかわる憲法の解釈に関して、戦後保守政治がやってきたことが誤りだったことを認めているのです。しかし問題は、これまでの誤りを認めて憲法の根本にたちもどるというのではなく、憲法そのものが問題だ、という方向に話をもっていこうとするところにあります。

ちなみにこの発言をした直後、小泉首相は、

「最高裁判所が自衛隊は憲法違反の存在ではないと判決を下しているんですよ。かつて裁判があったんです」

というとんでもない発言をしたことをつけ加えておきます。さすがに厳しい追及があり、法制局の津野長官が、

「自衛隊そのものの憲法適合性を直接的に判断した最高裁判決はない」

と認めました。小泉首相自身はそれでも言いのがれをしようとしましたが、最終的には発言

の誤りを認めるほかありませんでした（二〇〇一年一〇月二六日）。

小泉首相は、有名な砂川事件に関する最高裁判所の判決の内容さえも、正確に理解していなかったのです。その程度の知識しかもちあわせていない人物が首相であり、しかも以上のような発言をする。そして対米軍事協力を前に進めるためには手段を選ばない。私は言葉を失います。

前文と第九条のすき間

特措法の内容について、憲法解釈を変えないかぎり無理があるという指摘に対して、小泉首相は次のように答えました。

「集団的自衛権の行使を認めるのだったらば憲法を改正した方がいいと。今、状況を考えて、憲法を改正するような状況じゃないですよ。その中でいろいろ知恵を出して、憲法の前文と憲法九条の間のすき間、あいまいな点があるところを、どうやって（中略）…日本ができることをやろうかということを考えている。

確かにあいまいさは認めますよ、あいまいさ。すっきりした、明確な、法律的な一貫性、明確性を問われれば、答弁に窮しちゃいますよ」（二〇〇一年一〇月五日）

また、

「日本の憲法九条は、前文で国際協調をうたっていますが、国際紛争を解決する手段として武力行使を禁じていますね。その辺の整合性をどう整えるのか」(同年一〇月一一日)

という言い方もしました。この小泉首相の発言を裏づける形で、法制局の津野長官は、次のように発言しました。

「憲法の前文(中略)…で国際協調主義の理念が書かれてあります。その理念と、それから第九条のいわゆる平和主義の規定がございます、戦争放棄の、それから武力行使の禁止の規定がございます。そういう枠組みの中で、国が新しい事態に対処していかなければいけないというために必要な、その場合によって立つ(中略)…現行の法律がないという部分があるわけでありまして、(中略)…その部分を埋めるために今回のいわゆるテロ対策特別措置法案を提出した(後略)…」(同年一〇月二六日)

言うまでもなく、憲法の前文は、侵略戦争をしたことに対する反省に立っています。

「政府の行為によって再び戦争の惨禍が起ることのないやうにすることを決意し」と言っているのです。その決意に立って「国際社会において、名誉ある地位を占めたい」としているのです。前文の国際協調主義の立場は、侵略戦争をおこなった過去に対する反省のうえになりたっています。だからこそ第九条の規定になるのです。

ところが小泉首相は、前文の侵略戦争に対する反省の部分をことさらに無視することによって、前文と第九条の間にはすき間があるという詭弁をつくりあげたのです。政府の憲法解釈を担当する法制局の長官までもが、このような解釈（？）を支える議論をおこなったのは、ゆがみきった政府の憲法解釈もついにきわまったことを感じさせます。

特措法にもとづく自衛隊の行動は武力行使と一体と思われても仕方がないとの指摘に対しては、小泉首相は、

「基地を提供するだけでもう武力行使一体と見る国もあるでしょう。それは私、否定しませんよ。（中略）…しかし、日本としては、武力行使はしない、戦闘行為には参加しない、（中略）…そういうことで判断している」（二〇〇一年一〇月一一日）

と答えました。

政府のこうした憲法解釈の手法は、根本的に間違っています。

たしかに憲法は国内法です。しかし第九条は、侵略戦争を反省した日本が国際社会に対しておこなった厳粛な公約です。そのなかにある武力行使、そしてそれと密接な関係のある集団的自衛権という言葉の意味は、すぐれて国際的な理解・認識をふまえたものでなければならないはずです。

ところが小泉首相は、国際的な理解・認識と憲法についての政府解釈とのあいだに違いがあることを平然と認めながら、政府解釈をおしとおしました。

「反テロのムードに便乗して、なし崩しに既成事実をつくろうとしている。その体質と手法は戦前の昭和史と同じ」

です。ちなみにこの発言は、私がつくったものではありません。改憲論者を自認する自由党の小沢党首の発言（二〇〇一年一一月一日付「朝日新聞」）なのです。小沢一郎の本音がどこにあるのかは、ここで考えることではありません。重要なことは、特措法を強行した小泉政治は、戦前の政治となんら変わるところがない危険きわまる政治だ、ということです。

あとがき

　この本を書くきっかけになったのは、私が集団的自衛権の問題について発言（二〇〇一年六月五日付「朝日新聞」）したことを目にとめられた集英社新書編集部の鈴木力編集長からお誘いがあったことでした。私は、この年の四月に就任した小泉首相が憲法改定、集団的自衛権行使を公然と主張するにいたった国内外の政治情勢について、黙っていられない気持ちがありました。決して大げさではなく、アメリカ・ブッシュ政権の思いどおりにさせたら大変なことになる、日本が道を誤ることを黙って見すごすことはできない、私の問題意識を一人でも多くの国民に伝えたい、という思いがつのっていました。そのときのお誘いでしたから、本当に願ってもないことでした。九月末までに、というお話でしたが、八月末までには原稿を書き上げていました。

　この年の九月一一日におこったいわゆる同時多発テロ事件（九・一一事件）とアメリカの軍事行動、この事件をうけた小泉内閣によるテロ対策特別措置法の強行成立と自衛隊の海外派兵は、すでに書き上げていた原稿の内容が批判に耐えるものであるかどうかを、自分自身で改めて検討する機会になりました。結論からいえば、事件前に書いた内容は十分に批判に耐えるものである、と確信しました。というよりも、この事件およびその後の出来事は、よくいわれるような「世の中を一変した」ものではなく、むしろ、私が言いたかったことを裏づける材料を豊富に提供するものだった、といえるでしょう。したがって私がしたことは、事件以後におこった出来事そしてその意味を書き加えることで、私の問題意識をさらに明確に読者に伝えるように努力することでした。

二一世紀の幕開けである二〇〇一年の国際社会と日本は、ブッシュ大統領と小泉首相の暴走によって、かつてない危険な状況に追いこまれてしまった、というのが私の偽りのない実感です。

もちろん、二人が急にそれまでの政治の方向転換をして突っ走りはじめたということではありません。ユニラテラリズム（アメリカ中心主義）は、ソ連崩壊によって唯一の超大国となったアメリカに現れた動きで、クリントン政権からのものです。日本国内における改憲、「戦争する国」をめざす保守政治の動きについては、本文でくわしく書きましたように、長い歴史をもっています。しかしブッシュおよび小泉政治が登場するまでは、これらの動きをチェックする力がまだ働いていて、暴走するまでにはなっていませんでした。

ブッシュおよび小泉政治に共通する特徴的なことは、それぞれの国内世論の異常に高い支持率を頼みにして、いっさいの自制心が働かなくなっており、また、外部からチェックする力に謙虚に接しようとしない点にあります。しかし、両者が暴走することを許せば、本文で書きましたように、国際社会と日本は大変なことになることは目に見えています。

両者の暴走をチェックするためには、両国の国民が一刻も早く認識を高め、ブッシュおよび小泉政治に不信任の意思表示をしなければなりません。国民の支持率を頼みに突っ走ろうとしているのですから、国民がその支持を撤回すれば、ブッシュおよび小泉政治は失速し、立ち行かなくなることは間違いありません。

私は常々、大国・日本は国際社会において重要な役割をになっていることを強調しています。日本が平和大国として行動することになれば、アメリカの暴走をチェックする大きな力となることを、私は強く確信しています。

日本が真の平和大国になるためには、日本の政治を私たち主権者の手に取りもどすことが不可欠です。私たちが日本の政治の主人公になれば、日本の政治を変えることができます。日本の政治を変えることができれば、国際社会を変えることができるのです。危険をきわめる国際政治と日本政治を根本的に方向転換させることができるかどうかは、ひとえに私たち日本国民の政治的自覚にかかっています。

私は、日本国民の政治的自覚を正すことを願ってこの本を書きました。一人でも多くの方がこの本を読んで、まわりの人たちに働きかけてくださることを期待しています。

最後になりましたが、この本を書くにあたって綜合社の梁田涼子さんにお世話になりました。梁田さんには、資料の収集についても時間を割いていただき、ずいぶん助かりました。厚くお礼申し上げます。

二〇〇一年一二月

浅井基文

浅井基文（あさい　もとふみ）

一九四一年愛知県生まれ。東京大学法学部中退。六三年外務省入省。条約局国際協定課長、アジア局中国課長、駐英公使などを歴任。八八年東京大学教養学部教授、九〇年日本大学法学部教授を経て、九二年から明治学院大学国際学部教授。著書に『非核の日本　無核の世界』（労働旬報社）、『平和大国か軍事大国か』（近代文芸社）、『ここが問題　新ガイドラインQ&A』（青木書店）、『中国をどう見るか』（高文研）など多数。

http://www.ne.jp/asahi/nd4m-asi/jiwen/

集《しゅう》団《だん》的《てき》自《じ》衛《えい》権《けん》と日《に》本《ほん》国《こく》憲《けん》法《ぽう》

集英社新書〇一二八A

二〇〇二年二月二〇日　第一刷発行
二〇一四年六月一〇日　第七刷発行

著者……浅《あさ》井《い》基《もと》文《ふみ》
発行者……加藤　潤
発行所……株式会社集英社
東京都千代田区一ツ橋二-五-一〇　郵便番号一〇一-八〇五〇
電話　〇三-三二三〇-六三九一（編集部）
〇三-三二三〇-六三九三（販売部）
〇三-三二三〇-六〇八〇（読者係）

装幀……原　研哉
印刷所……大日本印刷株式会社　凸版印刷株式会社
製本所……加藤製本株式会社

定価はカバーに表示してあります。

ISBN 978-4-08-720128-4 C0231
Printed in Japan

a pilot of wisdom

集英社新書　好評既刊

爆笑問題と考える　いじめという怪物
太田 光／NHK「探検バクモン」取材班　0691-B
いじめはなぜ起きてしまうのか。爆笑問題が現場取材し、尾木ママたちとも徹底討論、その深層を探る。

水玉の履歴書
草間彌生　0692-F
美術界に君臨する女王がこれまでに発してきた数々の言葉から自らの闘いの軌跡と人生哲学を語った一冊。

武術と医術 人を活かすメソッド
甲野善紀／小池弘人　0693-C
科学、医療、スポーツなどにおける一方的な「正当性」を懐疑し、人を活かすための多様なメソッドを提言。

宇宙は無数にあるのか
佐藤勝彦　0694-G
「この宇宙」は一つではなかった！　インフレーション理論の提唱者が「マルチバース」を巡る理論を解説。

TPP 黒い条約
中野剛志・編　0695-A
TPP参加は「主権」の投げ売りだ！　締結後の日本はどうなる？『TPP亡国論』著者らの最後の警鐘。

部長、その恋愛はセクハラです！
牟田和恵　0696-B
セクハラの大半はグレーゾーン。セクハラ問題の第一人者が、男性が陥りがちな勘違いの構図をあぶりだす。

風景は記憶の順にできていく 〈ノンフィクション〉
椎名 誠　0697-N
浦安、熱海、中野、神保町、浅草……。作家の原点となった街や町を再訪。記憶をたどるシーナ流〝心の旅〟。

不安が力になる ―日本社会の希望
ジョン・キム　0698-C
成長至上主義から抜け出し、新たな価値観を手にしようとしている日本社会の可能性と課題について論じる。

名医が伝える漢方の知恵
丁 宗鐵　0699-I
「体質」を知れば道は拓ける。人生後半に花を咲かせるために何が必要か、漢方医学に基づいてアドバイス。

グラビア美少女の時代 〈ヴィジュアル版〉
細野晋司／鹿島 茂／濱野智史／山下敦弘ほか　030-V
ニッポン雑誌文化の極致「グラビア」の謎と魅力を徹底検証。歴史的写真の数々をオールカラーで収録！